台灣歷史館 041

康原◎著

港都的心靈律動

完整呈現高雄繪畫、影像、音樂、
電影、篆刻、雕塑、詩文的文化風貌。

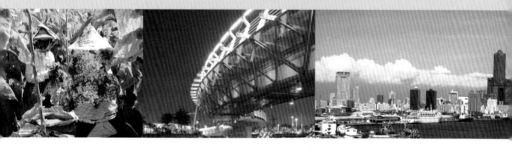

晨星出版

【推薦序】
南台灣的陽光總是明亮而和煦
——序《港都的心靈律動》

施並錫

　　十九世紀法國名畫家雷諾瓦曾說：「要把好朋友擺在光線最充足的地方。」半線詩人康原今茲也把「好朋友們」南台灣藝文作品及創作者，擺在亮麗和煦的陽光下，並透過《港都的心靈律動》一書，與廣大的讀者們，進行以文會友的心靈交流。

　　詩人、作家是社會的良心。他們關懷現實，並爲生活周圍有價值的人、事、物，不論其尊、卑、貴、賤而發聲。發聲就是「擺在光線最充足的地方，讓大家看得見，聽得到眞實及美好。」只因爲往昔「光線不足」，港都高雄常常被認爲文化沙漠。康原的《港都的心靈律動》也許是一盞燈，多少能看到南台灣陽光下的無數綠洲。

　　已故作家葉石濤先生說：「作家是土地的鹽。」有了鹽，則食物不致平淡乏味。葉老的「鹽」，是指讓生活、心靈能多采多姿而充實的要素；康原是「鹽」，書中所介紹的也是「一撮鹽」。葉大師亦說：「沒有土地，哪來文學。」沒有「鹽」則土地乏味。而若無「大地認同及意識」，則藝術、文化無由生。「大地」一詞（The Earth）係指一切的基礎。大地孕育藝文，藝文豐富大地。藝術、文化乃人們依其物質生活爲基礎，所開創的精神生產之能量、成果之總和。也是人民追求眞、

善、美之意思表述。

文化進展、藝術創作的基礎，必須是土地的認同。認同的前提是愛、尊重與認識。台灣人未能建塑主體性文化的根本原因，是民眾對土地、國家的認同混淆。台灣淺盤多元文化，其實只是膚淺、混亂之雜陳文化及外來文化，為無根文化。台灣人當務之急係建構台灣主體性文化，創造自主意義和價值；維護自己尊嚴和榮光。

書中那些被「擺在光線充足的地方」的藝文創作者，幾乎和台灣大地共一體。這些創作者把世界放在自己生命之前，而把他人、大地、國族的尊嚴放在自己之先。本書八篇所列之創作，全都蘊藏著濃郁的大地情懷和台灣在地思維。這些藝術家們是一群「不作活在時代裂縫的人」，其創作是本著「把母親的意象和台灣這塊土地作連結的信念」。

影像詩情篇的路寒袖，詩人特質加上三年的文化局長，生涯的深刻高雄經驗，精準且浪漫地捕捉了美感及南方氣質。高雄作家篇裡吳錦發的《生態禪》、曾貴海的《留下一片森林》、凌煙的《失聲畫眉》、　幸枝的《柴山主義》等等膾炙人口的作品，無一不是表達對台灣大地的關心、大愛的流逝。美濃文學篇裡，鍾理和及鍾鐵民父子之成就與其紀念館，著實是南台灣的文學標竿。在此山光悅人心，湖影悟禪意的美濃勝地裡，散發著歷代台灣人那勤奮、硬勁之美德。

高雄旋律篇的鄭智仁，一曲〈福爾摩莎咱ｅ夢〉，撥動吾人心弦，多少年的壓抑所累積之鬱卒得以抒發而喜樂，聞之、唱之令人常思量，自難忘對此大地之深情，感恩及不捨；電影高雄篇的王啓在，所導演之《寶島漫波》，啓動我們對斯土家園的了解與認同；生產線篇的李昌憲其詩作，揭示了自然、生活與文化不可分的關係，連接都市和農村間的感情；雕塑意象

篇的蕭啓郎，其台灣庶民人物之雕刻，有古早三輪車、拉彈弓的頑童、常民勞動等等，除了維妙維肖之出神入畫技巧外，作品更承載著對台灣濃濃的愛與深刻歷史記憶。

作者康原，台灣大地之「鹽」（養分），他散發出人道關懷、在地價值的「賴和精神」。以關愛、賞識、鼓勵的心態，把「好朋友們」——藝文作品與創作者放在明亮處。其生命態度簡直就是德國哲學家海德格所云：「領會、思、視、透視去揭示生活體驗、歷史意識與土地情懷」的典範。詩人康原以此態度詮釋台灣大地歷史，也詮釋他心中的「好朋友」。藉此書，康原對大眾發出求美的呼籲。

台灣人若能遠離奢浮、淺薄之生活而遊於藝，是為趨向正義，開展美麗和諧社會之始末。曾經教導日本平成天皇財政學之慶應大學總長小泉信三，鼓勵年輕學生要「愛好藝術、愛好文學，而後愛好人生」，康原以此書鼓勵大眾，要愛好在地藝術、文學、詩歌、電影等等，愛我家園大地、吾土吾民，而後愛好人生。

祈願本書流通，能提升高雄所有種種的能見度，再增加南方綠洲。茲因吾與高雄有深緣，兩年高雄文化之旅（任職高雄縣文化局長），把高雄看成第二故鄉，這兒人情濃厚，陽光總是和煦的。謹為序並祝本書出版成功大流通。

· 施並錫（1947～），一九七一年畢業於師大美術系，後至紐約大學攻讀藝研所。深造歸國後，一九七七年首次於省立博物館舉辦個展，一九八七年以「母與子」系列獲首屆席德進基金繪畫大獎。二〇〇八年回到故鄉彰化，成立「員青藝術協會」，立志向地方散播起美的意識。曾任高雄縣文化局局長（2003～2005），推動大貝湖之大型國際偶藝節、橋頭糖廠黑銅觀音文化節等。現任教於國立師範大學美術系。

【推薦序】

彰化詩人的高雄經驗

廖瑞銘

　　康原的名字怎麼會出現在高雄？莫非他移民了。

　　從來，我們看到康原的名字，都是在和彰化有關的場合，這次卻是出現在高雄，文友們一定感到很新鮮，很好奇他會如何書寫高雄。

　　俗云「一府，二鹿，三艋舺」，在台灣開發史上，彰化城本來就占有一定的地位，又因為賴和的關係，在台灣新文學史獨領風騷。曾幾何時，彰化一直在歷史文獻中孤芳自賞，具有這麼豐富的文史條件，卻幾乎被遺忘了。這些年，隨著「台灣學」興起的熱潮，彰化的歷史榮光才又被召喚回來，彰化以各種形式被書寫，甚至形成「彰化學」，在眾多彰化書寫中，「康原」出現的頻率可能是最高的。

　　從他高工老師退休後，踏查過彰化的每一片土地，尋找烏溪、追蹤彰化平原、規劃台灣八卦山文學步道，寫八卦山下的賴和、林亨泰，寫企業家、寫囡仔歌，結合攝影、繪畫、音樂、舞蹈，把彰化的人、事、時、地、物，一點一滴地寫下來，用各種形式發表出版。康原的田野踏查功夫仔細綿密、文筆又快，所以，作品產出的速度非常驚人，台語形容一個人做事積極、行動力強，說「跤手眞緊」，如果拿來形容康原的「彰化書寫」是再恰當不過了。自己寫不夠，他還透過社區大學寫作班帶動更多彰化人寫村史，形成一股地方書寫的風潮，

用書寫建構一幅清新動人的庶民生活圖像。

地方書寫不只是展示一個城市的美與內涵，更是見證這個城市的生命。康原的地方文化書寫從來都不只是外在事物的報導、紀錄，眞正動人的是在字裡行間看到作者與城市的對話，透過對話，帶領讀者感受這個城市的心靈律動。今年，康原將他的文化踏查觸角伸到高雄來，完成這本《港都的心靈律動》，不但複製他的彰化經驗，也呈現了高雄的文化風貌。有繪畫、影像、音樂、電影、篆刻與雕塑，當然少不了詩與文學，讓我們看到一個不一樣的港都。原來高雄也像彰化一樣有那麼多文人雅士在城市的各個角落經營自己的美感生活，每一篇書寫都提供了豐富的文化故事，這些故事都終將成爲城市文化傳統的一部分，也是高雄做文化行銷很好的素材。

這本作品是康原書寫高雄的開始，期待他的快筆繼續探索這個城市，也希望因此帶動更多高雄在地的文化書寫，啓動一波「高雄學」。

· 廖瑞銘，中山醫學大學台灣語文學系教授兼系主任。

【作者序】
港都，心靈的故鄉
——序《港都的心靈律動》

康　原

　　一年來烏日到左營的台灣高鐵火車，成為我南下高雄最主要的交通工具，住在左營區的同學也是舅舅的陳番王，成為我在港都田野調查最貼心的司機，驅車載著我到處奔跑，陪著我做資料的收集與藝術家的訪談。

　　從高雄區公所退休的番王舅舅，對任何一條大街小巷都瞭如指掌，帶我工作還請我吃飯，使我想起一句諺語：「外甥食阿舅親像食豆腐。」好像舅舅疼愛甥仔是天經地義的事情。一年後的大高雄變成了我心靈的故鄉，午夜夢迴時還會想起美麗港都閃爍的霓虹燈，寬闊的市街與熱情的親朋好友。

　　高雄縣、市合併後，有現代都會的文化聚落，又有高雄港灣地景與海洋多采多姿的文化生活，真可謂豐饒多元，又有勞動汗水滴落的加工區，也有貨櫃吞吐的繁榮現象。城市中有機能便捷的大眾運輸系統聯結台灣各地，高雄是一座充滿無限想像力的美麗多采的城市。

　　高雄市街中許多古蹟與歷史建築，為蒼茫的歷史打光，述說著高雄的過去與變遷。來自各地的居民在此討生活，使高雄形成許多新興的商圈街，引進現代化的不同生活形態與飲食文化。文化、藝術工作者，運用各種形態記錄書寫與創作，成為具特殊性格的高雄文學、藝術，是高雄一種珍貴的文化資產，

吸引著外來遊客進入高雄。

縣、市合併後，北從二林溪口，南至高屏溪口，從小漁村變商港、軍港，或即將搖身一變成為現代流行音樂中心，使大高雄海港版圖產生趣味盎然的多元形態。高雄各種產業百花齊放，在歲月的變革中，呈現豐富而多元的面貌，各行各業旺盛的生命力呈現其中。

高雄擁有豐沛多采的傳統表演藝術，並有民俗活動的絢爛光影、也有透過民間文學去營造的社區，讓旅人在旅遊中認識地方的民間生活與語言的關係，內門更有舉世聞名的宋江陣，值得用文學的筆來報導這些屬於高雄人的驕傲，橋仔頭的糖廠產業結合了觀光，行銷了台灣民主聖地的歷史與人文。

美濃客家庄是鍾理和的故鄉，有他的紀念館、台灣文學步道，兒子鍾鐵民、鐵鈞繼承其文學衣缽，鍾理和孫女鍾怡彥現在於文學博士班就讀，新銳畫家鍾舜文能畫會寫，這個文學家族的作品，見證笠山下美麗地景與人民生活。

有一本雜誌《文學台灣》創刊於一九九一年，為高雄詩人鄭烱明、曾貴海、陳坤崙、吳錦發等在地作家發表的重要園地，在如今評論家彭瑞金的主編下，走出一條屬於台灣文學的路，值得讓讀者了解這些作家與雜誌在高雄如何扮演台灣文學史的承先啓後。

左營高中的台灣文學館，蓮花潭畔文學步道的詩語，高雄市立文學館與高雄作家，豐富了高雄人的心靈，使外地人嚮往紛紛跑來參觀。

曾服務楠梓加工區某電子公司的李昌憲，寫過《加工區詩抄》獲得詩獎，出版過《生態集》、《生產線上》、《仰觀星空》、《從青春到白髮》，其詩是土地的聲音，又具有篆刻的功夫，常為文學家篆刻文學觀與簽印章，其生活及藝術成就，

讓我們認識高雄眾多勞工的生活面相。

新銳電影導演王啓在《寶島漫波》，以詐騙集團為題材的行騙故事，把場景設在高雄地區，拍出一部以港都人生活的場域，去呈現美麗的港都城市，算是高雄成功的文創產業，透過電影來行銷高雄的地景，讓外地人透過影片去認識高雄。

音樂家鄭智仁在三十多年前由彰化移居高雄行醫，即以悲天憫人的心腸，積極致力文化藝術的公益活動、積極關懷弱勢，並創作許多文詞優美、旋律感人並具人文關懷的歌謠，增加高雄文化的軟實力，每年都會舉辦「美麗的高雄」音樂演唱會。

曾任高雄市文化局長的路寒袖，為高雄拍下許多美麗圖像，也召集許多詩人為高雄寫下不朽的篇章。做過高雄縣文化局長的施並錫，也為高雄畫下許多歷史圖像的作品。這些攝影及繪畫的文本，透過筆者的實地採訪，進而用文學的筆來報導書寫高雄，使其成為「左文右圖」的生動書籍。一年來為高雄寫歷史、書寫人民的生活，來表現大高雄地區的高素質文化，並透過報導藝術家與作品來形塑多元、多采的現代城市，使高雄成為一個詩情畫意的美麗城市。

高雄是一個港都城市，具備有優良的發展條件，如今在一位具備熱愛台灣的市長領導下，一切建設正在起飛中。做為一個台灣文學作家，用文學的筆去記錄自己的土地，深入採訪高雄及地方相關人士，透過報導詩人、作家、畫家、導演、攝影家。與其書寫高雄的相關作品，來介紹高雄的歷史與人文，並把實地採訪的見聞也做深入書寫，讓讀者透過此書的閱讀，了解自然地景與人文景觀外，也能知道一個地方的文化特色、人民的生活與土地的聲音，用文學的筆去形塑高雄的儒雅意象，這是本書書寫的主軸。

書將出版之前，感謝所有接受訪問的藝術家，以及協助我完成此書的所有人，並感謝給我機會參與書寫高雄之書的政府及相關人員，高雄書寫完成後，這個城市將成為我的心靈故鄉，讓我永遠繫念與祝福。

【目錄】 contents

002　　南台灣的陽光總是明亮而和煦

005　　彰化詩人的高雄經驗

007　　港都．心靈的故鄉

012　　第一章　彩筆下的歷史高雄

032　　第二章　鏡頭下的影像詩情

052　　第三章　高雄作家．文學館與《文學台灣》

074　　第四章　美濃文學家及文學步道

093　　第五章　音樂家的高雄旋律

111　　第六章　電影中的高雄地景

133　　第七章　生產線上的詩與篆刻

155　　第八章　雕塑中的生活意象

第一章　彩筆下的歷史高雄

文：康原／圖：施並錫

一、前言

　　在二〇〇〇年施並錫出版《畫說福爾摩沙》時，在出版序文〈望春風——二度文藝復興〉中寫著：「……由於台灣教育界及媒體瀰漫著大中國意識，缺少台灣優先精神，開創國際化、人文化、本土化的台灣文化，期待二十一世紀的台灣，能邁向創造『文化奇蹟』之路，而成為二度文藝復興的發源地……望春風文化股份有限公司，希望結合各界關心社會、熱愛文化的理想主義者共同投入，使此極具意義的『文化重建工程』能在大家齊心合力下發芽萌壯，使我們的下一代都能具備現代的國際文化觀並充滿愛鄉的精神，藉由文化素養的提升得以淨化社會，並使台灣成為東方的文化精神重鎮。」可見出版社對這本書厚重的文化向度相當肯定，使得出版家想運用施並錫的作品來喚醒台灣人的意識，重建台灣的文化精神。

　　高雄出生的詩人李敏勇在本書的序文〈我們的島在記憶中也在現實裡〉寫著：「……施並錫是台灣在自我認同的覺醒中努力用心擁抱自己國土的畫家……他探觸風景中的人、事、物，使風景從地理性擴張到歷史性；他加入了現實的精神，讓風景中呈現台灣的悲哀與歡笑，哀愁與憤怒。不僅用畫筆，他也以文字之美，藉著一幅畫、一篇文章，巡梭著這塊曾被遺棄，又被擁抱的美麗之島福爾摩沙……從這個島，從這塊土地

的歷史現實，施並錫凝聚他做為一個畫家的深刻視覺性觀照。他藉著畫家之筆，想在生下他的土地上扎根，成為一棵樹。」施並錫想盡辦法為自己的土地找回歷史，使台灣人能安身立命在自己的土地上。做為一個畫家用美麗的圖像詮釋對土地的愛、對人民的情，他一直在探觸台灣人的勤勞、樸素容忍的性格，用牛去隱喻台灣人、去呈現人民的生活，他為土地上的變遷做記錄，希望留下對這塊土地的見證與觀照。

　　二〇〇八年施並錫回彰化辦畫展，出版《走遍半線巡禮故鄉》畫冊，筆者書寫其序文〈彩筆下的半線情懷〉時曾說：「閱讀五十五作品，題材來自半線這塊大地，描繪土地上人民的生活，記錄大地中的流遞現象與土地變遷，在自然山川中，畫家走過各種靈動的山水之間，觸動他對生命的寧靜體會，在面對家鄉這些美景時，他與大自然合而為一，畫出這些讓人心動的作品。」我認為藝術家以畫故鄉去回饋對母土的敬仰與感恩，以圖像為故鄉寫史，是一件重要的事情，每一個藝術家對自己的土地與人民都必須凝視，細細去感受土地的愛，去認同自己居住的地方。於是施並錫借用海德格「領會」、「思」、「視」、「透視」等概念，去揭示生活體驗與生命關係，從事創作中的歷史意識與土地情懷，用圖像去詮釋他的愛鄉情懷與守護土地的觀念。

　　這位能寫善畫的藝術家施並錫，在二〇〇三到二〇〇五年間到高雄縣擔任文化局長，帶領高雄縣的文化政策走向，在自己的任內與一些文史工作者共同出版過《縱情南方》與《發現古蹟之美》兩書，把高雄的自然風光與人文古蹟，以油畫圖像收錄在專書中，並請當地詩人，透過文學語言去呈現人文精神，找來文史工作者與文化資產課的人員，把這些歷史建築的輝煌過去，畫龍點睛的書寫出來，讓圖像與詩文結合在一起來

訴說生活的故事，找回過去祖先的歷史面相，使這些圖像獲得了生命，更加深了民眾對文化資產保存的認識，對建築物產生了共鳴的感情，約兩年的時間足跡踏遍山澗水湄，以油畫來訴說、記錄高雄。因此筆者透過施並錫在高雄期間，所留下的美麗圖像，做了場景的實際田野調查後，更閱讀相關文獻與訪問在地的文史工作者後，再詢問畫家的創作心情後，寫出高雄這塊土地所發生的歷史與故事，希望讀者能透過這些文字與圖像去認識高雄，進而欣賞高雄、熱愛高雄，甚至於移居高雄，因為高雄是一個有尊榮的城市。

二、寧靖王的傳說故事

　　為了尋找明朝末年，流落高雄地區的一位皇族朱術桂的墓園，請到一位久居高雄的友人帶路，這位友人驅車帶我從高速公路的路竹交流道下去，穿越過省道台一線的十字路口，經過東方設計學院往茄定鄉興達港的方向右側，這個地方屬於高雄縣的湖內鄉的東方路，這個園區入口處右方是「湖內鄉老人健康促進會寧靖公園服務隊」的房舍，這個園區還設有簡易的槌球場，提供社區的居民活動，這個地方已經變成上了年紀的老人散步、聊天的場所。

　　遠遠望去墓園的前方有兩棵老樹，蒼勁有力的矗立在土地上，猶如守候「寧靖王」墓園的衛兵，園區種植各種樹木，隨風搖曳著，墓園上是一片青翠的綠草，園內有水池與涼亭，把墓園公園化了，走入其中令人有清靜與肅穆之感，我在墓園中看到一位工人在割草，還有兩位老人坐在墓前的水池旁聊天。友人說這座墓園是在一九七七年由高雄縣政府修建過，到一九八八年又重建後，被指定為三級古蹟，墓體雖然是很晚建

築，但是明朝的寧靖王之墓是有歷史意義。據說：早年這個地方約有百座的古墓，不能確定這座墓是否眞是寧靖王之墓，因此修完後現在是一個空棺墓。

　　詩人呂自揚曾寫過一首〈題明寧靖王墓〉之詩，前兩句寫著：「千古艱難惟一死／一片丹心照鯤身」，說明寧靖王的遭遇。在後段寫著：「用一條絲帶換一座青墳／不是懦弱逃避／而是面對強權惡霸／要寧爲玉碎永不降服的叮嚀／給鯨的子孫」，以鯨的精神以明志，希望子孫們學習鯨的精神，就像當今魏德聖導演的電影《賽德克・巴萊》的族人以自殺的方示走向彩虹橋，去面對自己的祖靈。看完這部影片已經過了一段日子，莫那魯道的身影一直在我腦海中浮現，影片中的餘音不絕的歌誦著：「巨石雷光下，彩虹出現了，一個驕傲的人走

▼明寧靖王墓 2004 10F 油畫 施並錫

來了，是誰如此驕傲啊？是你的子孫賽德克 · 巴萊……做為一個驕傲的賽德克 · 巴萊啊！我們是真正的賽德克 · 巴萊啊！」多麼令人震撼的聲音，響入人民的心中。雖然原住民因不相同的部落，有不一樣的歷史詮釋，但它畢竟是發生在土地上的悲慘事件，藝術家也有其不同的看法。

在明朝末年，這位落難的皇族寧靖王（朱術桂）（西元一六一八～一六八三年）渡海來台時，鄭成功已經辭世一年了，鄭經在赤崁樓旁建了一座宅邸，做寧靜王的府邸，現在的國定古蹟「大天后宮」與「祀典武廟」就是府邸的一部分。朱術桂住在寧靖王府（今台南大天后宮），他是一位長於文學，又喜書法，筆跡帶點瘦勁，當時所創建的各廟宇匾額，多出於他的手筆，至今已成為文化的瑰寶。

西元一六八三年，清朝大將施琅率軍攻打台灣，朱術桂知道自己已無容身之所，他不願再苟且偷生，毅然以身殉國。並令五個女子袁氏、王氏、荷姐、梅姐、秀姑各奔前程，但她們說王生俱生，王死俱死，遂先行自縊，於是朱術桂便提筆在壁上大書著「今已……六十有六歲，時逢大難，全髮冠裳而死，不負高皇，不負父母，生事畢矣」等語。又寫了一首絕命詞：「艱辛避海外，總為幾莖髮；於今事已畢，不復采薇厥。」自縊就義為當年新開闢的臺灣，留下一個「忠、孝、節、義」的典範永垂青史。死後鄉民怕清兵毀壞其墓園，把他與早先過世的元配羅氏葬在竹滬，沒有做任何標示。

五妃廟在臺南魁斗山，現在台南中西區，有一條小小的街稱五妃街的二〇一號，是埋葬為寧靖王殉情五個妃子，原為一簡單的墓塚，入清後才於墓前建廟，是墓廟合一的特殊建築稱「五妃廟」，香火也很興盛，他們都是從容就義，於身後被崇拜為神的。台南詩人陳志雄還為這座五妃廟寫了一首台語的地

誌詩〈五妃廟〉：「就親像你生前的默默無聞／死後亦是／恬恬無聲／三百多來／我一直毋知你的身世／你嘛毋知透露你的心事／／當初／我毋知／是你選擇命運／抑是／命運選擇你／只知也／你一死／卻多活了三百外多／活佇府城的心內／／恬靜的墓園／吹著恬靜的風／恬靜的廟埕／落著恬靜的雨／恬靜的天地／陪著恬靜的你」這五個妃子，只因此對寧靖王殉情，他們的故事會隨著傳說留傳下來。

　　撰寫高雄市文學史的評論家彭瑞金對這五個自殺的女人，以及當時清代的人對五妃的表彰有這樣的一段話：「清代文人集體性的表彰五妃的集體殉情，絕對不是愛屋及烏，事實上他們堅決地肯定五妃，那是忠於夫、忠於主人的極至表現，是在宣揚『忠君』愛國的教化……清國來台文人充分利用朱術桂和五妃的剩餘價值，做為向台灣人宣教的媒介，灌輸清國文化的價值觀，男的忠君愛國，女的貞婦烈女，總的是『中國』數千年來的封建體制思想。」因此，當我們去參訪古蹟時，必須清楚了解古蹟背後的故事，到底傳達了什麼意義？

　　另外，從沈光文的作品中，我們知道寧靖王晚年的生活是悲涼與神秘，過著深居自囚的日子，寧靖王曾寫過詩句「二三知己惟群嬪」，此詩道盡生活的寂寞，沈光文曾寫過一首〈題寧靖王齋壁〉：「脩得一間屋，坐來身與閒；夜深常聽月，門閉好留山。但得羈棲意，無礙世路難！天人應共仰，愧我學題蠻。」這首詩帶給文學無限的想像空間，沈光文真正了解寧靖王的心境。

　　寧靖王的恩德始終烙印在高雄縣湖內鄉居民的內心深處，當然這五位殉情的妃子，也被高雄人懷念，甚至於了解台灣歷史的人，常常會提到朝代更遞中，一些悲情的故事。戰後，鄉民重建寧靖王墓外，在路竹鄉也有座寧靖王廟，名為「華山

殿」，這可以說是「寧靖王文物紀念館」。每年到了農曆九月廿五日寧靖王的祭日時，附近居民都會趕來祭拜這位命運坎坷的王爺。寧靖王死後三百多年的今天，人們並沒有遺忘他們。生前他照顧湖內鄉百姓，死後卻成了當地的守護神，寧靖王墓園落在高雄的土地上；如今，寧靖王已永遠的活在湖內鄉百姓的心目中了。

三、民主聖地橋仔頭的糖廠園區

高雄的橋仔頭是台灣民主運動的聖地，在一九七八年底，增額中央民意代表的選舉因美國宣布斷交而中止，黨外人士擬藉慶祝余登發生日而聚會，卻爆發余登發父子被捕案件。一九七九年一月二十二日，黨外人士齊集橋頭鄉示威遊行抗議，身穿披紅大布條書寫著自己的名字，手持紅布黑字的橫布條，寫著「堅決反對政治破害」字樣，自橋頭余家走到鳳橋宮，首度突破戒嚴令下決對禁止，政治人物的政治性示威運動之封鎖線。選舉活動被迫中止，黨外政治參與管道受阻，於是黨外人士又轉向街頭的群眾運動，而每次活動，情治單位都如臨大敵，員警與鎮暴部隊都嚴陣以待，一直到了這個年底發生了「美麗島事件」，事件後的美麗島精神，擴散到台灣的土地上，帶著台灣人民漸漸的走向民主自由的國家。

橋仔頭除了是台灣的民主勝地之外，在日治時期的一九○一年在橋仔頭創立了「橋仔頭製糖所」，雖然在一九一○年規模才完成，使橋仔頭糖廠為台灣第一座現代化糖廠，也是台灣糖業文化的發祥地。戰後一九四六年成立了「台灣糖業公司」，在一九五三年更名為「橋仔頭糖廠」，直到一九九九年糖廠結束營業，將近百年的橋仔頭的糖業歷史，帶給台灣子民

許多生活的回憶,現在變成了具歷史意義的園區。近年來許多文史工作者,投入文史調查,又台灣自二○○一年開始,以九月份第三個週休二日定為「認識古蹟日」。高雄縣當年古蹟日活動的焦點就放在橋仔頭糖廠,廠方特別開放並派員導覽解說,這一年這個地方變成「橋仔頭糖廠藝術村」,讓藝術家進駐活動,讓遊客進入園區融入清靜、悠閒、自由的美好氛圍。

傳說:在一九○一年糖廠舉行上樑儀式前,就遭到林少貓率眾開槍突襲,在臨時事務所牆壁留下彈痕。林少貓原名林義成,生於萬丹竹篙濫,一生亦盜亦匪,日本據台伊始,因看不慣日軍到處殘殺同胞,成為南部地區的抗日義士;直至西元一九○二年日本據台八年,被日軍誘殺而亡,一代英雄豪傑,享年只有卅七歲。林少貓會在糖廠上樑時突襲,據說:「他在高雄經營賣糖事業,新式橋仔頭製糖工廠大量生產後,對其生意是一大威脅;另外日本占據台灣初期,族群衝突不斷,官方採取清鄉策略抑制,加上橋頭廠區原屬墳墓區,在當地人視為禁止開發之地,日本人卻大動土木,林少貓為橋頭人出了一口怨氣。」

▼糖廠古蹟 2004 6F 油畫 施並錫

　　橋仔頭糖廠事務所及社長公館遺跡，是引領參觀者重回歷史現場的景觀。這兩座建築物的設計圖來自荷蘭，並融入日本大和民族式的建築風格，外觀的細部裝飾，採用當時歐洲慣用的紋飾及柱紋加予美化。社長公館上的整排環繞小方孔，是防禦「土匪」偷襲的戰備置槍孔。兩幢基座均採地上架高結構以利通風，化解熱帶瘴氣，並有迴廊和連續拱門，李乾朗教授稱之為熱帶殖民樣式，被文建會列為必須保存的近代古蹟建築。

　　社長公館左旁的黑觀音銅像，與日本奈良藥師寺的觀音銅像為同一風格作品，神像雕塑顯現典雅精緻。據傳首任社長鈴木藤三郎之所以引進觀音銅像安座，有兩個原因，一是日人尚無法適應亞熱帶生態及氣候，一為糖廠建於墳墓區上，帶來人與鬼神界之間的衝突，以觀音銅像來安撫人心，而觀音又是普遍的信仰神明，早期台灣人廳堂都奉祀觀音畫像或神像。

▼黑銅聖觀音 2004 25F 油畫／施並錫

　　二○一一年十月二十八日，我與友人、內人等親臨橋仔頭糖廠，站在聖觀音銅像前膜拜，聖像前擺置著許多鮮花，沒有豐富的祭品，使我想起詩人王希成的詩〈佇立在歷史的林蔭〉：「這氳氳著歷史林蔭的糖廠／聖觀音修長的法身已禪立百年／並未嗜甜，還是習慣粗食淡泊／靜觀參天的雨豆樹桃心木／垂下了歲月的褐色鬚根，發為／寬頻的光纖森林。鳥聲擁擠／柵欄降落叮叮噹噹嘮叨，疾疾／有節節震耳的轟隆快語扶桑開謝／青銅質地的慈悲輕豎雙掌隱入夜色／引渡迷津中張皇的眾生菩提」。之前文化局曾在糖廠園區舉辦「喜歡扮觀音」的活動，用「妙相橋頭傳愛心」來吸引年輕人接近古蹟與藝術，為青少年提供一個兼具心靈環保及藝術薰陶的好假期。這個活動傳遞幾個觀念：守護橋頭糖廠與大地的古蹟、讓年輕人透過扮裝觀音，去感應觀世音的莊嚴與慈悲，學習觀音菩薩「決志消除世間苦音聲」，且力行菩薩道。祈求古蹟能量之擴散，拉近民眾與古蹟之距離，學習觀音菩薩見賢思齊而拉近人與人之間的關係、人與眾生之距離，使各族群能融合，並以台灣為榮。這次活動帶來了許多迴響，作家曾貴海在一篇〈佈施與造福〉的短文中說：「施並錫獻給高雄和他自己，正如他非常珍惜的作品『黑銅觀音像』，那不就是台灣人佛教信仰中最樸實而原真的精神嗎？」做過畫家、教授、文化局長等工作的施並錫，本身也如千手觀音，為大地與人民忙碌與付出。

　　二○○三年畫家施並錫於九月一日上任擔任高雄縣的文化局長時，對高雄的文化建設提出「三點企求與四個理念」。三點為「南方觀點、台灣重點、全球焦點」，後者即在找出縣內有特色的地方，如橋仔頭這個糖廠，利用糖廠古蹟及再造藝術，活化已經停擺的糖廠，把廠內猶存的甜蜜蜜感覺和氣氛散布出去。四個理念包括「創意深根文化、文化提升產業、美化

城鄉風貌、深化人文內涵」，他將自己的繪畫精神，落實在文化的行動。

在「橋仔頭糖廠藝術村」曾經辦理許多藝術活動，筆者也曾隨著彰化縣社區去參觀這個橋仔頭糖廠園區，讓我印象深刻的是在事務所後面，一個隱蔽處有金木善三郎石碑，碑名以篆字陽刻，底下碑銘採楷書陰刻，書法、刻工在專家的評斷下均屬一流的作品。雖然這個地方有點隱密，做為文史工作的我，還是找到並拍照存檔。

園區中還有一座紅磚水塔，造型相當簡單樸素，給人一種常民生活般的親切，水塔的結構運用方形、拱形及三角的造型設計，不同角度看水塔有形狀的變化，由側面瞧具有拱廊的層次效果。由於砌磚技術扎實，平穩的建構不流於呆板，堪稱磚造建築精品。紅磚水塔前後有幾株老樹，尤其前方的百年老榕樹，氣根布滿樹幹，覆葉遠看如大陽傘，成為遊客最喜歡留影、納涼的廠區熱門景點。

▼紅磚水塔 2004 10F 油畫／施並錫

日治時期橋仔頭糖廠扮演糖產業的中心，也是當時推動台灣經濟的火車頭。爲了戰爭時避免員工死傷，廠區內挖掘多處防空洞，造型各有巧妙，有拱形、方形，有磚造及礁岩砌成，有建在地上及地下，乃至砌在礁岩駁坎的內部。橋仔頭糖廠的防空洞群，保留最多最齊全，文建會與縣府曾贊助藝術家，爲每一座防空洞進行藝術裝置。除了國內藝術家之外，強調在地精神與國際接軌的「橋仔頭糖廠藝術村」，更吸引了來自法國、義大利、香港、荷蘭等各國藝術家提出進駐申請，可見這個園區受到藝術家的肯定。

台灣過去因遭殖民和次殖民統治，不重視本身歷史，爲彌補古近代歷史的空白，施並錫指出發起認識古蹟，是一項很值得推廣的歷史文化重建工程。像橋仔頭糖廠這樣古蹟聚集的鄉下地方，台灣並不多見，台糖、地方文史工作者和政府在此通力合作營造爲一個古蹟景點，讓古蹟再起，深具意義。畫家施並錫形容橋仔頭糖廠「寶地佈金蓮，大千砂界盡包涵」。這是一個多元文化的園區，只有聚集一些具備歷史意識的藝術家，在此創作一定能創出以台灣爲主體的多元文化作品。

四、荖濃溪的泛舟行旅

高雄地區，在我的印象中，荖濃溪是旅遊觀光的好去處，泛舟是荖濃溪的主要魅力，每年五月到十月間舉辦荖濃溪泛舟活動；荖濃溪泛舟航程共分兩段，上段自寶來到新發，約有十九公里，航程約三個小時，有三十多處的激流，有四道峽崖，可稱爲台灣最刺激的泛舟溪流，許多年輕人喜歡刺激的泛舟活動，都會跑來荖濃溪。下段起自六龜，迄於新城，全長十五公里，約須兩小時又三十分鐘，水流較平穩，是適合水上

運動的大眾化路線，吸引許多熱愛泛舟的遊客。

　　台灣是一個四面環海的島嶼，境內河川密布，台灣的子民理應培養出親水、樂水的習性，家住中台灣的我，門前有一條河川稱「烏溪」，我曾費了許多年時間，為烏溪寫了兩本書，一本《尋找烏溪》是用有形的河川兩旁土地為範圍，來寫中部地方的開發歷史，著重河邊古蹟、廟宇、聚落歷史建構，書寫人類與河川的關係，而《烏溪的交響樂章》著重生態、文化、產業層面的報導，自古以來人類是不能離開水而存在，因此河川與人民有密切的關係，而親水、玩水的方法各有不同，有人去河中泛舟、有人去溪邊垂釣、也有面對著河川唱歌、作畫。

　　畫家施並錫在一篇〈水的容顏〉中寫道：「做為一個畫家，我以觀水、親水的各種向度去描繪人與水的關係。台灣四面環海是個『水水』的國度。水，利萬物而不爭。水的容顏多變，水性若人性，具喜怒哀樂，且流動不已，其不捨晝夜的流變，象徵世間遞嬗無常。活在『水水』台灣，吾人當近水、親

▼泛舟 2004 8F 油畫／施並錫

水、樂水,了解水文,認識吾土環境,建構水源倫理。在土地認同,是建構新台灣文化的首要條件,唯有在地深度文化,始可得在地上善的美美世界。」透過書寫泛舟比賽的畫作,或畫河川兩旁的山光水色,去表達台灣人近水、親水、樂水的島民個性,也把荖濃溪的美麗面貌呈現出來。

這條荖濃溪是高屏地區重要水域之一,發源於秀姑巒山、大水窟與玉山東峰附近,從秀姑巒開泛舟風氣以來,泛舟一直是台灣夏季的熱門活動。荖濃溪為台灣的第二大溪流,全長一百三十七公里,流域面積一千七百七十三平方公里,多為低度開發之山林,有南部橫貫公路沿溪谷而行;因為屬於縱谷地形,而且沿途加入了七大支流及無數小支流的水量,所以水流湍急,荖濃溪泛舟活動十分受到民眾的歡迎。而古今中外的哲人總是樂於談論水的奧義。

每次站在水邊,都會想及老子所云:「上善若水,水善利萬物而不爭,處眾人之所惡,故幾於道。」人是不能離水而生

▼泛舟 2005 8F 油畫╱施並錫

活，過去台灣水量充沛，多得人們不會感到珍貴，近年科技發達，工業用水大量增高，甚至於與農爭水，加上河水遭受到污染，農用、食用的水漸漸減少了。每次到歐洲去旅遊，到許多國家必須購買昂貴的水食用，就會感到台灣實在是個好住的地方，各種資源都相當豐富，老天爺還有溪水讓我們泛舟，像荖濃溪可讓人民親水，去體驗水的生活哲學。

古希臘哲學家泰勒斯，曾向埃及人學習觀察洪水，道：「水生萬物，萬物復歸於水。」然而我們的祖先也說：「水可載舟亦可覆舟」，平常水給了我們生活的方便，如果遇到水患，水會奪走人類的生命與財產，現代人如何與水相處？如何保護水源？該是一個重要的議題，值得島上的人民共同來思考。

孔子也云：「逝者如斯夫，不捨晝夜。」或有人說：「生命如流水，一去不復回」，對歲月逝去的感傷，也告訴我們人必須掌握當下。告子曰：「性猶湍水也，決諸東方則東流；決諸西方則西流。」這當中蘊含了天地與人的互動和屬性，更藉由水的特性，闡明了聖哲深明自然的細膩，還有對人性的詮釋。而這些想法，都藉由水的比喻來達成信念的顯發，來了悟生命的道理。

在高雄曾經有一群人民，為了保護河川，曾做了一次九〇年代高屏溪再生運動、大河之愛等活動，為了保護台灣的河川而努力，後來詩人醫師曾貴海把活動的經過與省思寫了一本書《被喚醒的河川》，在開卷語中說：「流動河流是大地讚美自然與生命時湧唱出來的詩歌」。曾經看過一片天下雜誌製作的《看河》的紀錄片，在影片的旁白中說：「每個人心中都有一條河，它曾經清澈美麗群魚穿梭，流過世世代代……我們思考的不是河流的問題，而是我們共同的出路，我們一起來

高屏溪，去尋找生命之河，到貪婪之河的過程……如果我們相信土地沒有河流就沒有生命，這一切的改變，卻必然與我們有關。」我相信台灣的任何縣市，都有大大小小的河川，小時候河流是我們玩水、洗澡、捕魚的地方，陪著我們成長，給我們甜美的回憶，如今我們不忍它遭受污染、破壞，如今我們在親水泛舟的活動中，我們也必須共同去思考，如何維持河川的永續生命，讓我們一代一代的子孫還能快快樂樂的親水、樂水、愛水，才不愧為島國的子民。

荖濃溪沿岸有許多河階地形，河流不斷的往河底下侵蝕著，河岸的兩旁就會慢慢的變高，形成了像階梯狀的平台，加上河流的彎曲度，也會影響河階地形的範圍及數量，我常常想水像是大自然的雕刻師，把大地雕成許多不同形態的風貌，讓人們細細的品嘗；沖積扇是因為河流的坡度變小，河流的速度變慢，河水中的石頭、泥沙就堆積在河的出口，形成了像扇子一樣的地形景觀，尤其在支流的匯合處，常常會形成沖積扇地形。因此，荖濃溪不斷的往河底下侵蝕，使河道與河階、沖積扇之間形成了陡崖，水流也變得很快，各種大小奇怪的石頭也會很多，加上陡崖的坡度落差很大，就會有瀑布的形成；這些地形塑造成荖濃溪泛舟的最佳賣點。

除了泛舟之外可以飽群山雄姿外，還可欣賞千堆雪、博浪崖、躍石關、海豚石等特殊景觀；另外遊客還可順遊附近風景點，上段可順遊長青溫泉、不老溫泉、巴斯蘭溪瀑群、飛虹瀑布及藤枝森林遊樂區等地；在下段可順遊十八羅漢山、彩蝶谷、扇平遊樂區、飛雪瀑布、大智瀑布、新威苗圃等地；六龜鄉也有許多旅遊景點，例如寶來溫泉、不老溫泉等溫泉區，彩蝶谷森林遊樂區、竹林休閒農業區等等，都是民眾可以前往旅遊的好去處喔！

▲上 泛舟 2005 8F 油畫／施並錫
　下 寶來所見 2004 8F 油畫／施並錫

五、鳳山的龍山寺

　　每到一個地方，我總是會問地名的由來，尤其「古地名」都蘊含著先民開發的歷史，或是地形、地物的關係所命名，到達鳳山區當然也會問：「地名為什麼叫鳳山？」傳說行政區還是鳳山市時期，在市城的東南方有一座丘陵，形勢有如飛鳳展翅，稱之為「鳳山」。

　　而到一個城市，一定要去尋找古老的廟宇，過去的廟宇就是一個聚落的文化中心，居民都會在此活動，在鳳山香火鼎盛的龍山寺，傳說建寺已有三百多年的歷史，在鳳山的文獻中記載著：在一七六四年王瑛曾重修的《鳳山縣志》中記載著：「龍山寺在埤頭街草店尾。」加上寺內有一塊最早的匾額寫著「南雲東照」，寫著乾隆二十五年（一七六○），據此推論約在乾隆初年建造龍山寺。

　　如果有人問：「為什麼會建龍山寺？」民間傳說有一位福建先民來台，在龍山寺原址的古井汲水止渴，卻將隨身攜帶觀音菩薩香火，掛於井邊的石榴樹上，這個忘了帶走的香火袋，卻在夜裡發出光亮，那時的人民認為菩薩顯靈，就將石榴樹雕成觀音佛像，即為開基佛像，並迎祖廟安海龍山寺香火建寺供奉，因而沿用祖廟龍山寺名稱。

　　現在位鳳山區中山東路與三民路交叉口上的龍山寺，因年代久遠顯得古色古香，亦被列為國家二級古蹟，也是全台五座龍山寺當中，位置最南邊、排名第二古老的鳳山龍山寺。如果你到鳳山的龍山寺迎面而來是一些賣花的老婦人，他們總是把鮮花放在一個紙製的小盤中，十幾朵夜來香花上，又放上一、兩朵紫色的蘭花，變成了拜神的供品，每盤五十元，供香客用來祭神，買花除了拜神之外，可以幫助這些老婦人，增加

一點口袋的收入，改善這些賣花婆的生活，也是一項善舉。

鳳山龍山寺迷人之處，即為觀音菩薩金身安座於開基的古井，地理上形成具有靈氣的觀音穴寺廟，因此寺內菩薩的靈驗不僅有求必應，甚至為捕魚人指引漁獲方向，同時也庇祐漁船安全歸返，至今高雄蚵仔寮的討海人家，仍不遠千里來祈求。

鳳山龍山寺的格局配置，分別是三川殿、拜亭、正殿，左、右各三間護室，屋頂相連前後貫通，成「工」字型，使香客行香方便，這座龍山寺為傳統匠藝的藝術殿堂，雖經幾度重修，但仍保存了豐富完整的傳統寺廟建築樣貌與工法，相當罕見。起翹的屋頂是權位的象徵，燕尾的翹脊為雙龍戲珠的圖騰。

整體的建築精緻，寺內的泥塑雕工以精緻著稱，也展現了台灣傳統寺廟之美，極具藝術價值。在鳳山的龍山寺有四扇凹壽門鏤空木雕：東門保泰、靈通鳳彈、德普海疆、南海流芳，頗具思苦幽情之狀。大殿中對看牆部分，身堵牆壁稱龍虎堵，頂堵牆壁，人物堵以剪黏通俗演義的戲齣故事或花鳥吉祥圖案。

現在全台共有五座龍山寺，都突顯泉州派匠師的共同特色，即用料較細，瓜筒較長外，另一個共同點，都選擇建寺在市街的邊緣或郊區，如台南龍山寺在東門外，艋舺龍山寺在新店頭街南郊，鹿港龍山寺在五福大街的南郊，鳳山龍山寺則在面臨出東門的下橫街尾，由地理位置反映出，龍山寺的觀音該多性喜幽靜。

鳳山龍山寺主祀台灣人普遍信仰的觀世音菩薩，慈悲的觀音神威顯赫，到了每年農曆二月十九日、六月十九日、九月十九日，鳳山龍山寺觀音媽壽典科儀宗教活動，來自各地參香

答謝神恩的信徒相當多，非常熱鬧！我在小時候生病時，也都求神明保庇，在過去鳳山的醫療設備不足，鳳山人總是來龍山寺求觀音媽將兒孫收為「契子」（乾兒子），希望觀音媽慈悲賜福保祐小孩成長，祈賜一個香火袋、求一個平安糕，都是希望庇佑厝 大小平安，因觀音是無所不在，常化身千手觀音救苦救難，保護地方的子民。

　　現在鳳山龍山寺將特製的平安糕、圓滿粽、幸福餅包裝成盒，可方便於參香後喫平安，廣受香客喜愛。所以到鳳山，不僅要到龍山寺欣賞台灣傳統建築之美，虔誠向觀音媽參香，別忘了帶一份鳳山龍山寺三寶：平安糕、圓滿粽、幸福餅！吃平安糕讓家中大小平安無事，吃圓滿粽做各種事均圓滿完成，吃幸福餅人生就會過幸福美滿的生活。

▼鳳山龍山寺 2004 10F 油畫 施並錫

第二章　鏡頭下的影像詩情

文：康原／攝影：路寒袖

　　文化的建構不是獨自的志業，必須仰賴大家的共同參與，如果只是一個人在做，那頂多是一個英雄式的完成。因此，我也希望能夠運用在報紙媒體工作的機會，呼朋引伴結合各方的資源與智慧，一起來建構台灣文化的立體圖像。

──路寒袖

一、從「詩人與編輯」到「文化局長」

　　詩人路寒袖，本名王志誠。曾獲金曲獎最佳作詞人獎、金鼎獎最佳作詞獎、金鼎獎推薦優良圖書出版獎、賴和文學獎、年度詩獎、台灣榮後詩人獎等。認識路寒袖是他擔任《人間》撰述委員的年代，後來他到《台灣日報》擔任副總編輯時，因地緣的關係接觸較多，後來他在副刊策劃一些專欄，我也被約稿書寫台中的相關議題；比如《記憶台中》等專書，後來還約我在副刊寫〈非台北觀點〉專欄，副刊的「每日一詩」是我書寫台語詩最重要的發表園地，我在彰化縣文化局出版的台語詩《八卦山》，也是他大力推薦的，後來我出版《逗陣來唱囡仔歌─台灣民俗節慶篇》，他還為我寫一篇〈歌謠體的生命禮俗典〉推薦序，其中有一段說：「康原善於活用從鄉野常民收集而來的素材，依照它們的內涵與質料揉和於各類的創作之中，使其作品展現出飽滿的民間色彩與草根的生猛活力，是文壇少

數擁有豐富地方文史素養的作家，更是認識彰化地區人文地景的最佳的導覽人員。」又說：「『唱作俱佳』是康原另一項獨步文壇的絕活，他熟稔許多流傳於民間的民謠兒歌，多是記錄常民生活、勞動的珍貴曲調，韻律鮮明、活潑生動，由康原渾厚嘹亮的嗓音加以詮釋，更是傳神與入味。」

　　一九九一年路寒袖致力於台語文學創作，寫下第一首台語詩〈春雨〉，經由名作曲家陳明章的譜曲，成為歌手潘麗麗第一張專輯裡的作品。此後，路寒袖歌詞創作範圍逐漸擴大，涵蓋流行、公益、選舉等主題，被譽為「重拾臺灣歌謠尊嚴的里程碑」、「既承續戰前台語文學的優良傳統，複開出當今台灣雅歌的新希望」。因此許多路寒袖演講的場合，我總是去聆聽他的創見。我在演講的場合，也都喜歡引用他的詩來說明，尤其〈情鎖〉這首書寫外遇的詩，我曾把它收錄在《愛情柑仔店》情詩集中，永遠記在我的腦海裡，演講是脫口而出的朗誦出來，詩中那幾句「……身軀倒佇雙人床／暗暝那會彼呢長？／月娘那會這呢光？／害阮心頭貼白霜……」運用了床、月光、霜的冷寂意象，與李白的〈靜夜思〉的意象有異曲同工之妙喻。

　　二○○八年四月路寒袖推出歐洲四國（荷蘭、德國、丹麥、瑞典）的行旅詩集《忘了，曾經去流浪》，會有這本書的出版，是因為二○○五年至二○○八年，路寒袖擔任高雄市文化局長，他在序文中寫著：「本書內容含攝歐洲四國六大城市……這次的旅程是一趟學習之旅，重點在考察觀摩這六大水岸城市如何改造、再生，我們先從德國法蘭克福進入歐洲，再搭高速鐵路抵科隆，隨即轉往荷蘭正式展開，而後德國、丹麥，最後結束於瑞典。」在這次行程中，拍攝的作品與詩就此完成。

　　蔣勳在推薦序文〈詩人，行色匆匆〉寫著：「這一本攝影詩集中，可以看到他仍然在旅行中寫著詩，用想要留下什麼的眼睛凝視著車窗外的風景，那些匆匆擦肩而過的的行人，那些匆匆擦肩而過的街道，匆匆擦肩而過的時光……」我們發現文化行政的工作，並無損詩人路寒袖的藝術創作工作，他的詩與攝影聯結了生活與工作，甚至於在旅遊中進行。

　　二○○九年路寒袖推出義大利行旅的攝影詩集《何時，愛戀到天涯》與二○一○年的《陪我，走過波麗路》都是屬性相同的作品，賴芳伶在《何時，愛戀到天涯》說：「路寒袖貼近詩歌中的世界，率眞到幾乎不戴藝術家的面具……做爲詩人，卻能在詩的書寫中保持自我。」而陳義芝在《陪我，走過波麗路》也說：「路寒袖的攝影詩集有解禁現實人生的意義……不爲記錄空間形體、自然或人文標誌的景觀……邀請讀者陪他走的不是眞實人生的路，而是情感想像的路。」

　　這三本攝影詩集的出版，最近推出《走在台灣的路上》影像文集，描寫台灣這塊土地。

　　但熟悉寫詩與攝影的路寒袖，號召文壇上的詩人、作家爲高雄市書寫了《繆斯最喜歡居住的城市》、《爲歷史的蒼茫打光》、《黃色迷戀》、《乍見城市之光》、《散文高雄》、《高雄行旅導覽》等歷史、旅遊的文本，他一直以爲「文化的建構不是獨自的志業，必須仰賴大家的共同參與，如果只是一個人在做，那頂多是一個英雄式的完成。因此，我也希望能夠運用在報紙媒體工作的機會，呼朋引伴結合各方的資源與智慧，一起來建構台灣文化的立體圖像。」這些扭轉對高雄印象的文集是很好的文化建設。

二、高雄用書行銷文化館

一個城市之所以擁有魅力，必須有廣大的民眾擁護它、喜歡它、親近它，使外來遊客來了會懷念它，又會想一次一次再度光臨，更深刻的去了解它。有一本《文化是好生意》的書中告訴我們：「……人民渴望追求更好的主意、更豐富的內涵來體現他們認為的美好的生活方式……生意是什麼？它是生動的主意，把活的觀念注入產品和服務內以建立活的事業。」

景觀用語源自德語 Landschaft，英文常用 Landscape，中文譯為景觀之外，有時也用地景、景域、地域、風景等用語。景觀可分為自然景觀（自然地景）與人文景觀，人文景觀也叫做文化景觀，不論是人文景觀或文化景觀，它的本質上都是存在於地表上的人類創造物，在有人居住及活動的地方，人類持續的將自然景觀改變為適合人間生活的人文景觀。

一個地方的文化館是社區的重要資產，也是一種重要的文化景觀，「Museum 博物館」的字根，來自古希臘文 Muse（繆思），因此路寒袖把高雄十五座文化館家族，主編了一本書《繆斯最喜歡居住的城市》，請陳茹萍做企劃、蘇明如撰文，透過圖像與文字書寫，把文化館家族的設備與館中的資料，做了詳細的介紹，讓市民認識這些博物館，並引領市民與旅客去參觀博物館，是很好的社區教育。

在〈辨識繆思的文化容顏〉序文中，訂出了各個不同屬性文化館的身份：高雄市立歷史博物館是城市文明的象徵，館中累積了市民的感情與記憶；後勁文物館有庶民的風華，有社區文史工作者的生活點滴；表演藝術資訊館屬於舞台桂冠，以音樂、舞蹈、戲劇去映現生命；高雄市電影圖書館命名為膠卷光年，讓來自各地的影片在愛河畔互相角力；台灣醫療史料文

物中心猶如杏壇的傳奇，有夢想中健康快樂的島嶼想像；而異幼稚園文物館，算是一個小小世界帶領兒童去認識文化的精髓與世界珍奇；台灣電影文化館是一種電影映像，典藏著電影人的深情不悔，刻有高雄電影的歷史沿革。

　　打狗英國領事館定為文化觀光，提醒珍惜山林海洋恩澤、尊重人文歷史；高雄兒童美術館做為一種視覺遊戲，讓兒童抓住魔幻彩筆；武德殿振武館，談菊花與劍的精神，深入體驗武德殿的歷史變遷；上雲藝術中心以禪道養心，在喧囂中用樸實無華撫慰人心；高雄文學館定為文學風景，點亮在地文學定位與國際視野；戰爭與和平紀念館是一種烽火新生，尋找一種觀看戰爭擁抱和平的姿態；高雄市眷區文化館是一種眷戀營陣，讓市民諦聽眷村的記憶。

　　旗後砲台古蹟紀念館為歷史劇場，搬演著城市的歷史舞台。劉銘傳治台期間，將三地砲台加以整修擴建，臨港區者稱「哨船頭小砲台」，打鼓山巔者稱「大坪砲台」，旗後山高地

者稱「旗後大砲台」。昔日打狗三大砲台如今只剩旗後砲台被完整保留下來，成為台灣地區古砲台典範之一。路寒袖以詩為故事館打光，以〈發射落日〉的詩寫著：「戰爭早已遠去／我仍是巍峨的山隅／以磐石的姿態／圈住一方孤寂／時時努力的儲存／每一波海浪的寓含／／黑夜與白日更迭交替／腳印雜遝，風行即逝／獨我苦苦守護／逡巡於懷思之中的船隻／船隻過往，只剩／一抹迅即平復的水痕／／落日是我／發射的唯一砲彈／讓它每天懸掛海面／為歷史的蒼茫打光」，用詩帶動高雄的觀光產業，為古蹟創作文本，該是文化局長任內的重要工程，也是一種成功的典範。在序文的結尾說：「在書與非書之間，在文化館之內與其外……邀請你藉由每一座館舍的在地特色，閱讀全球化中的高雄容顏，印證繆思最喜歡居住的城市！」

　　另外一位詩人蔡富澧為砲台故事館，寫了一篇〈在彈道的末端點燈〉：「超越落日固定的魚釣／時間，眼光／就被金

波貼成鏡面 / 落點，有一種幸福 / 和出世的美感，一種熟悉的 / 境界，那就是極樂世界了吧 // 彼佛國土常作天樂黃金爲地 / 晝夜六時雨天曼陀羅花 / 究竟這座砲台曾經射擊過沒有 / 面向西方，時間 / 跟著蝙蝠的浮雕寸寸剝落 / 之前，幸福指數層層增加 / 之後，彈道學成了一種符碼 / 在人生的底層逐日增溫 // 佛說彼佛國土微風吹動諸寶行樹 / 及寶羅網出微妙音譬如百千種樂 / 同時俱作聞是音者皆悉念佛念法念僧 / 落日固定的魚釣 / 時間，每一刻都是 / 歷史和腳印，目光或日光 / 在築台架砲的一念中 / 相遇，並且交融 // 此刻，在彈道的末端點燈 / 讓西方的幸福一時爆裂 / 我們站在砲台就可以看見 / 無量壽無亮光」，站在旗後的故事館前，每一個人都有不相同的感受、不相同的詩情。

　　二○一一年的十月二十七日，我爲了高雄《港都的心靈律動》去做田野調查，參訪了旗後砲台的古蹟故事館，我發現

有兩、三組參觀這個故事館的小學生，由導覽人員講解古蹟的歷史故事，我們跟在參觀的團隊中，仔細的聆聽講解。講解人員說：「旗後砲台是國家二級古蹟，位於旗津區旗後山頂，山高而陡是為珊瑚岩。一八七四年日軍入侵琅嶠（恆春）直攻石門牡丹社，造成牡丹社事件，清廷派船政大臣沈葆禎來台加強海防事務，並於一八七五年派准軍統領唐定奎、副將王福祿，先後督造旗後『威震天南』、港口『雄鎮北門』等二處砲台，構成中、低射程火砲威力以共扼打狗港，而完工於一八七六年。旗後砲台因聘英國工程師設計，屬西式砲台，兵房位於北區，指揮所位於中區，南區則設有大砲四座，砲台的結構形狀呈『目』字形，大門為中國式的八字型入口，砲台的城門石坊上書有『威震天南』四字，磚牆上有磚砌的囍字，入口牆上有磚砌成的『囍』字，實深具特色。」除了介紹歷史之外，還把砲台中的硬體設備的功能做了詳細說明。我在旗後的故事館中，發現一些詩人為高雄市的古蹟寫的詩，用看板呈列在故事館中，許多遊客圍在看板前讀詩，我也走近去閱讀。

▼旗後山看 85 大樓

三、為歷史蒼茫打光的詩情

仔細閱讀這些詩人朋友為高雄古蹟地景寫的詩，原來這些作品收集在《為歷史的蒼茫打光》的專集中，這些詩人有向陽、吳晟、李敏勇、李魁賢、汪啓疆、陳義芝、曾貴海、焦桐、路寒袖、劉克襄、鄭烱明、蕭蕭等十二位。書寫的地方有三十八處古蹟與歷史建築，每個作家寫三首，而主其事的路寒袖寫了五首。

路寒袖在序文中寫著：「三十八首詩書寫高雄三十八處的古蹟與建築，不論對詩壇或文化資產界來說，皆是創舉：再加上這些寶貝的文化資產照片，可謂『詩圖同歸』，也算是美事一椿。」在這本集中，路寒袖所寫的五個景點，分別為旗後砲台、鳳山縣舊城、台灣煉瓦會社打狗工廠、武德殿、陳中和墓等處。

▼台灣煉瓦會社打狗工廠

　　高雄武德殿為日治時期，日本人舉辦演武大會的場所，日本人為了宣揚武士道精神，並維持日本固有武技，因此在台灣各地重要市鎮建立武道館，台灣現存的幾處武德殿，都是日治時期所遺留下來的歷史建築，高雄鼓山的武德殿是在大正十三年（一九二四）建於哈瑪星登山路，建築內部結構為東邊劍道區，西邊柔道區，可容納一百餘人，提供當時的青年及警察練習柔道、劍道，外觀是傳統的日本寺殿式磚造建築，入口門廊有仿羅馬式柱子，牆壁上有特殊的箭靶及弓箭裝飾，用來彰顯日本武士道精神，台灣戰後幾經荒廢，後由鼓山國小代管，曾經充當教室以及教職員宿舍，民國八十八年四月二十二日，高雄市政府將其列為市定古蹟，現在門口有百年老樹，一棵鳳凰樹、一棵榕樹，到武德殿可讓人進入日本時代的歷史情境。

　　路寒袖以〈無武之境〉來寫武德殿，詩曰：「武即是無／無仇無怨無情無招／無招之招無聲無息／無聲，只見鳳凰花

▼武德殿

飄落／豔紅的花瓣在空中／微微一笑／是禪，禪中無我／禪即是花／／來我這裡／請肅身垂首斂眉／到鳳凰木前／卸下你的焦慮／將殺氣掛在／門前的老榕／脫鞋入來／趺坐，閉目冥思／你將悟得／武道的無武之境」。日本的武士道，其實早期是僱傭兵，在戰國時代是下剋上時代，日本的武士道完成於德川幕府時代，來源於神道教、佛教、陽明學。從神道教中，武士道得到了「忠於主君，尊敬祖先」；從佛教的禪宗（臨濟宗和曹洞宗）得到了「平靜、沉著、不畏死」；從儒學中得到了五倫：「君臣、父子、夫婦、長幼、朋友」。而路寒袖的無武之境，已經超脫出這些精神，強調學武者不尚武、不執著，因此「將殺氣掛在／門前的老榕」而達到拈花微笑、佛家慈悲為懷的境界。

▼武德殿牆上的箭靶浮雕與院中的鳳凰木

　　筆者也曾應高雄文化局路寒袖之邀，在《乍見城市之光》書中，為武德殿寫過一首〈振武館的刀聲劍影〉的台語詩：「彼一日阮去高雄／踩踏哈馬星歷史跤步／走揣祖先高尚精神的形影／行到武德殿聽著武士的心晟／為公理合正義拼命／為蕃薯生湠車拼／為台灣人的心聲／乎台灣國來正名／目尾看著金光閃閃劍影／亦有聽著失落靈魂喝聲／彼一日大陣詩人合作家／坐惦登山街振武館的樹跤／飲著菊花香茶米／講明治年代的時陣／大正十三年振武館來出世／台灣人身懷武德至尊／武士毋驚刀聲合劍影／只驚失去英雄的名聲／即馬咱愛振興武德的／靈魂乎台灣人揣著自尊」。那次參觀回來後，以敘述的方式寫出看武德殿的感覺，希望能尋回過去的先民為公理與正義奮鬥的精神。

　　在高雄市左營區有旅遊景點鳳山舊縣城，在一七二二年鳳山知縣劉光泗所創建築土城，一七六○年又在城門上各建大砲一座。後因林爽文抗清被攻破，乃移至今鳳山區重建新城，故而左營區原建之城稱為舊城。

　　現今左營區鳳山舊城，留存著東門、北門殘段，而西城門毀於日治時期，其門額現存於高雄市立歷史博物館。北門稱「拱辰門」，北門外壁門洞兩側各塑有一尊門神，是台灣古城牆中的孤例，也是觀賞北門的重點。門洞左側之門神為「神荼」，右手持劍、左手執鎚；右側為「鬱壘」，右手執環、左手持劍，以螺灰殼浮塑為底，外施油漆彩繪及墨線。雖然泥塑表面彩繪已斑駁，但造型依然生動，神荼古拙，鬱壘氣勢逼人，雲騰浪湧其間神態逼真，精美有力，氣勢威嚴，十分的珍貴。

　　對於鳳山舊城，路寒袖以〈不圍城的城〉寫著：「當城牆不再將我們／緊緊的牽在一起時／我們只得四方尋找／尋找

歷史的定位／東方、南方又向北／各就各位／獨獨不見西方／
那是極其快樂的世界嗎？／／或許／西方並未真正迷失／它只
是把門開得很大很大／大到不再須要門／／或許／當所有門都
消失時／就到處都是門／／或許／城門不再圍一座城時／我們
就擁有一座城」。這首詩不但介紹了如今古城的現象，城門有
所殘缺了，又以不見的西門暗喻那是通往西方的極樂世界嗎？
蘊藏著生命的哲理，過去被城牆圍住的世界，是否暗喻著沒有
自由？現在已經沒有城門圍住，每個人都能自在的擁有自己的
城，象徵著從專制走向民主之路吧！在參觀古蹟的過程中，除
了走入歷史情境、重回時光的長廊中，常常帶給旅人不同的想
像世界，如果在讀幾首不同詩人的作品，會有更多的想像。

　　墳墓是生命的終站，埋下許多人不相同的人生，在高雄

▼鳳山縣舊城

市苓雅區中正一路旁，有一座陳中和（1853~1930）墓園。這個墓園建於日治時期，為日治時期台灣的糖業鉅子，其商業的成就使陳家成為台灣五大家族之一，其子陳啓川、陳啓清及其孫陳田錨皆因此跨足政界，在台灣的家族史與政治史，陳家都占了重要的地位，而埋葬陳中和的墓也是台灣著名的傳統墓園之一。其格局與配備有棺壙、墓龜、墓碑、墓埕及墓手，石雕部分則出自於巨匠蔣馨之手。墓前的后土、土地神、半月池齊備，墓的兩旁的泉州白石與綠色青斗石都是上等石材，雕工精緻，在前埕的一對日式燈幢，則是日人所贈，一般人較忌諱柩靈則遷葬於大社的陳家墓園，現址僅為墓園建築而已。

　　以〈金蟬脫殼〉寫此墓園：「不知道大家在怕什麼／這裡少有人來／鎮日，是風的遊樂所／／其實墓穴早空／何以數十年來，依然／風聲烈烈？／／你若來／墓旁樹下小座／必可嗅到烈烈風中／瀰滿糖的甜言，與／鹽的渴望／／此地除了風的耳語／就只剩蟬鳴噪噪了／是了，主人本是金蟬／脫殼，那又何必訝異」。台灣一般民眾，對於墓園總是敬而遠之，在高雄的市區內竟然能留下一座古墓，一九九六年被高雄市政府指定為古蹟，寬廣的墓園中，一片綠油油的草坪，高矗的樹木下微風徐徐，在夏日裡該是一個好去處，但當我去採訪時，只看到少數工作人員，並沒有看到一般遊客，難怪路寒袖說：「是風的遊樂所。」透過詩人的作品，我們可以去了解陳家發跡的來龍去脈，一座墓園給了我們一段常民的生活歷史。

　　陳家是台灣五大家族之一，發跡於高雄被稱「高雄陳家」。清末陳中和時期興旺，至日治時期因配合日本「米糖王國」政策，於一○九四年設立「新興製糖」，為台灣最早的本土糖業，後代陳啓川、陳啓清、陳田錨等均從政。杜聰明博士創辦高雄醫學院時，陳家也曾捐地資助，其中一棟校舍落成後

即以「啓川樓」爲名，附設醫院則名爲「高雄醫學大學附設中和紀念醫院」。

　　陳中和的曾祖父輩渡海來台，定居打狗港苓雅寮，以漁業與農業維生。後來陳中和出任「七十二行郊」總管家（總經理）。於一八八七年創立「和興行」，成立之後，在打狗（高雄）、香港、橫濱三地經商，絡繹不絕，陳家因而累積不少財富。一八九九年日人開放官有地作爲鹽田，陳家於鹽業經營亦相當成功；後來因日人發布「製糖獎勵規程」，發展新式製糖工業，陳家首先於大寮投資設立「新興製糖株氏會社」，陳家又合資成立「南興公司」創辦新式碾米廠，處處可見其對新興產業的前瞻性。一九二三年，成立「陳中和物產株式會社」，營業項目包括農產物種植買賣、土地與建物賃貸、碾米相關行業、海外貿易與其它投資事業等，涵蓋範圍之廣，儼然稱霸南台灣。如果還想更深入了解陳中和家族，可再到高雄港邊的苓東路的「陳中和紀念館」去參觀。

▼陳中和墓

四、行旅中的《黃色迷戀》

　　在高雄旅遊時，只要手中有這本《高雄行旅導覽》專書，便能看盡高雄的人文風景、吃遍山珍海味、玩透山海景觀。這本書的編輯方式，以文化生活圈為準則去編輯，讓遊客以區域性的旅遊方式去欣賞高雄，一般人在陌生的地方，常常需要藉著地圖導覽，本書的編輯方法及分區如下。

　　在港區周遭分成旗津區、小港區、前鎮區、苓雅區、前金區、新興區、鹽埕區、鼓山區、三民區、左營區、楠梓區。而每區又繪製一張導覽地圖，把區域中重要的文化館、古蹟及歷史建築、人文風景及提供吃喝玩樂的地方標示出來，以便供旅客按圖尋找，這樣的旅遊資訊統整是一種認識高雄的方法。為了使城市空間有歷史記憶的感覺，與常民生活的趣味，特別找來了十一位作家，對高雄十一個地區，寫了十一篇散文。

　　推出這本《散文高雄》時，序文中推薦寫著這是〈十一道礦坑〉：「……將高雄分成十一個區塊，邀請十一個作家就他們了解的高雄，援筆撰述，猶如挖掘十一道礦坑，深入高雄的人文底層，以窺探高雄閃熠的寶藏。」又說：「……高雄還有諸多普羅常民、文化資產、歷史紋理、人文面相……其中不乏深刻鮮明，生猛湧動的素質，這諸多的活力能源，在本書裡當可見其梗概。」這些作家分別為吳晟、廖玉蕙、廖鴻基、林宜澐、劉克襄、曾貴海、汪啟疆、李敏勇、楊翠、凌煙、郭漢辰等人。

　　那天我上柴山途中，突然想起楊翠那篇〈神秘三角洲——鹽埕與我的「生命密碼」〉一文中，寫著「壽山（柴山），港都的後花園，與海岸線相鄰，海光山色，秀麗清媚，據說自來即是文人墨客歌詠的所在。對我而言，那是親族的歷史現場；

當年，阿公與阿媽曾經蟄居壽山腳下，貧苦生活，而仍然堅定從事文化抗日運動，以文字編織島嶼飛翔的可能羽翼。」在這段散文的閱讀中，我也想起出生旗後的葉陶在高雄認識楊逵的事情，當年二十五歲的楊逵經營成衣失敗後，二十六歲那年在高雄內惟（壽山山麓）砍材爲生的那段日子，生活雖然清苦，但仍然還是從事反抗日本人的活動。

來到柴山那天，我又想起一位年輕作家胡長松，出生在柴山，曾經寫過一本小說《柴山少年安魂曲》，這該是一本校園小說，寫一個由國小到國中，一直到二十歲的年輕人自毀的過程，打架、吸毒、賭博、做保標、搶劫、被關等待槍決的悲慘故事，雖然是一篇充滿暴力的小說，但其場景書寫了柴山一帶的風光水色，以及這個地方貧窮人家的生活情況。比如說有一段描寫柴山村的文字寫著：「……一個美麗的小村，陽光普照的時候，山樹青蔥，海風徐徐，簡直就是一個世外桃源。村落的房子，新舊不一，建構在山坡地上，隨興錯落，有時隔著一叢樹你可以望到某個人家的屋頂……」文學家的筆，確實能爲地景留下很好的紀錄，當你走到柴山村時，才慢慢的去體會作家筆下的境界，我一向主張用文學的筆去書寫常民生活史就是這種道理。近一年來我在高雄地區做田野調查時，總是一而再地去閱讀這些高雄的散文與相關高雄的詩與小說。

有一種樹稱爲「阿勃勒」，它的原產地在印度半島、錫蘭，是屬於外來種，據說在荷蘭時代就由荷蘭人引進，荷蘭人走了而阿勃勒認同台灣留了下來，住在南方的高雄，遍布台灣各地，在高雄文化中心的園林步道上搖曳著，引誘著許多遊客或市民仰望，陶醉在它的一片金黃裡。高雄市文化愛河協會理事許玲齡說：「……每年的五月至九月，台灣到處可見阿勃勒。盛開時眩人目光的美麗花顏……初夏，長總狀的花序密密

從枝幹腋生，成懸垂狀，在熾熱湛藍的天空下綻放有五金黃花瓣的花朵。」又說：「阿勃勒的葉片是淡黃蝶等幼蟲的食物，花開時也是粉蝶羽化之時，翩翩粉蝶飛舞花叢間，微風拂過，粉蝶與花瓣飛舞綠葉枝幹間，夏日的詩意，令人激賞。」

　　高雄市文化局邀請三十六位詩人，以詩來書寫這種詩情畫意的阿勃勒，詩人們有把阿勃勒寫成黃蝴蝶、金急雨、黃金雨、太陽神、秋蟬、風鈴、花舞、街頭情人或夏日戀曲，詩人面對這種樹有詠誦、有宣言、有祝福、有喜極而泣的感動，後來把這些作品輯成《黃色迷戀》詩集，把阿勃勒的花稱為高雄的花，象徵著一種幸福與祝福。

　　路寒袖〈阿勃勒絮語〉寫著：「南都，春天太快／我的

▼阿勃勒

戀戀絮語，尚不及／在你耳鬢廝磨細訴／就全都掛上／街道的枝椏招搖／像是一串串錯愕的詩句／張開滿口黃蓮的嘴巴／急於呼喚／而你的名字／已被南風吹散」。這首詩告訴我們，高雄阿勃勒的開花帶給人們欣喜，美得讓人陶醉，彷彿是大自然送給城市的祝福，花瓣飄落的繽紛如詩如夢的綺麗。來到高雄一定會迷戀，陶醉在片片黃色的閃亮之中，於是高雄的阿勃勒將與詩永遠讓子孫傳誦下去——至永遠。

五、雨傘樹與植物之歌

　　詩寫阿勃勒之後，爲高雄路樹創作，我寫過小葉欖仁的散文，這種叫做小葉欖仁的樹，一般的人稱它細葉欖仁、非洲欖仁、雨傘樹，是一種落葉灌木，除了主幹渾圓挺直之外，枝椏傘型，自然分層於主幹四周，向四面開展。小葉呈枇杷形，到了冬季葉就落光，眾多的傘只留下傘骨，整片傘骨枝椏，給人一種蕭瑟之感，但到了春季淺綠色的芽慢慢伸展，一小片、一小片翠綠的葉片，慢慢的填補，將原有的樹葉傘型恢復，青翠新綠的新葉轉變成深綠色，又成了堆堆疊疊的一片雨傘的情景。

　　我寫〈雨傘樹之憶〉之時，想到台語的七字詩〈雨傘〉：「一支雨傘圓輪輪，夯懸夯下遮娘身；真久無看娘子面，即馬看著定倍親。」藉雨傘的意象，去書寫一對情侶共撐一把雨傘，解除了相思之苦，於是每次看到這種樹，又想起洪榮宏所唱的〈一支小雨傘〉，這首歌前幾句是「咱倆人鬥陣夯著一支小雨傘，雨愈大，汝來照顧我，我來照顧汝……」看到這種樹就想到傘，想到樹下一對對的情侶走過，想到情侶共同撐一把傘的親熱倩影。

　　小葉欖仁是一種性喜高溫多濕的植物，根群穩固後非常抗強風吹襲，又容易生長，每年只是在冬天才會落葉，春天一到立刻又長滿樹葉，四季葉片色彩變化鮮明，就像台灣人的性格，表情隨情緒而改變是一致的，又很適合台灣的土地與氣候。

　　二〇〇八年我又接到財團法人文學台灣基金會的邀請，要以詩歌詠高雄的植物，主辦單位要我選擇撰寫的樹種，我寫了〈紫檀之歌〉：「印度流浪到台灣／高雄成長的土壤／一棵棵充滿香氣的飲度紫檀……雕出葫蘆的曲美型態／輕輕的撥弄於指尖／一首首旋律與和聲／奏出心中的台灣／美麗的福爾摩沙……充滿著綠色的夢想／一根根生根台灣的／印度紫檀」。我透過這種外來的樹，來書寫土地的認同。後來這首詩也收錄了由農委會林務局與財團法人文學台灣基金會出版的《台灣自然生態詩語──植物篇》，由詩人李昌憲編輯，於二〇〇九年十月出版。這種企劃性為植物寫詩，是否是受到高雄文化局的影響？我不知道。但我相信為植物寫詩、為動物寫詩、為古蹟或歷史建築寫詩、為港都的生活書寫散文，將會一代代的歌詠下去，只要我們對於自己的土地與人民有愛，作家、詩人的創作將源源不絕的書寫下去。

　　在這本《台灣自然生態詩語──植物篇》中，路寒袖也寫了〈牽牛花〉：「吹奏黎明的無數小喇叭／站立在金黃陽光裡／被露水擦亮／風指揮著飽滿的樂音／一曲曲懸掛心頭／成了紫色瀑布／沖進玄黑的冥想」，可見詩的懸念仍繫在高雄，他這一生在高雄三年的日子裡，呼朋引伴為港都創作的文本，將永遠傳播下去……

第三章　高雄作家·文學館與《文學台灣》

文：康原／攝影：李昌憲

一、文學帶動高雄

在一九九五年我擔任彰化賴和記念館館長時，曾推動教師台灣文學研習營，閱讀濁水溪、尋找烏溪等地景巡禮，並利用賴和的文學成就做了「賴和作品的彰化之旅」，透過賴和的文學作品，去認識日治時期的彰化地景，透過賴和紀念館去推展磺溪文學精神，用文學來帶動彰化的觀光與產業，得到很好的迴響。

港都高雄有山、海、河交織成一個魅力十足的城市，在這水光交錯的城市居住的人民，一代一代的傳承下來。數百年的高雄發展中，在荷蘭年代旗津是門戶，清朝屬於哈馬星發展的時期，日本年代大港埔成為高雄的重心，國民黨執政時期，加工出口區是高雄的心臟地帶，民進黨執政年代，開始建造高雄成為美麗的城市，做了愛河整治、柴山的生態保護、火車站浴火重生、洲子溼地的復育，希望保留美好的傳統，提升高雄人的文化素養，使城市邁向國際視野。

因此，在台灣文化與在地扎根的工作努力不懈，設立歷史博物館、電影圖書館、文學館、城市光廊的打造，古蹟活化運用，透過文字、影像、繪畫、網路、音樂、雕塑去呈現高雄的風貌，屬於文化觀光與文學的專書，一本一本的推出，有《漫畫高雄歷史》、《浪漫高雄》、《高雄市文學史》、《高雄行

旅導覽》、《散文高雄》、《乍見城市之光》、《爲歷史的蒼茫打光》、《黃色迷戀》、《繆思最喜歡住的城市》等書，借重各專業領域的人士，深耕高雄文化，以做爲推廣文化活動之用，得到許多人的喜歡，高雄的美好形象也打入了外地人的心目中，在地的文學也深入了高雄人的心中。

打開彭瑞金所撰寫的《高雄市文學史》厚厚的兩大冊，上篇屬於古典文學，從先住民的口傳文學講起，到漢語文言文學的輸入及發展，加上民間文學，合稱「古典篇」；下篇簡稱爲「現代篇」，從一九二〇年代的新文學運動開始，到二十一世紀初的近、當代文學，林林總總約四十七萬字。但本文所論述的高雄作家作品範圍，只選擇以發起《文學界》與《文學台灣》兩本雜誌相關的主要高雄近代作家，以及文學步道與文學

▼旗津海岸

▲愛河

館設立的相關作家爲討論對象，看近年來這些作家如何書寫高
雄，如何推動有台灣意識的「台灣文學」、如何建構有地方性
的文學館與文學步道，討論爲什麼要辦這兩份雜誌，做爲以後
要了解地方文學的參考，並希望能透過高雄文學館的作家、作
品介紹，來了解高雄的文學特色，並介紹文學館與文學步道的
設立及其內容，供市民、觀光客在休閒或旅遊參觀時，來認識
高雄的文學與在地作家，也希望文學能有助於推動高雄市的觀
光，讓高雄能發光成爲一個有尊榮的文化城。

二、從《文學界》到《文學台灣》

　　二〇一一年的十月底我約了《文學台灣》的現任社長陳坤崙，到高雄文學館做了兩個小時的訪談，主要是了解這兩個雜誌的創刊動機及經營的情形，與高雄市作家的關係，並詢問一些高雄文學館、左中台灣文學館、高雄文學步道等相關事宜，以做為寫作此篇文章的參考。首先我提到：「為什麼要辦《文學界》雜誌？」

　　講話不徐不急的陳坤崙說：「美麗島事件之後，台灣社會充滿著一股沉悶氣氛，傳言執政當局要查禁《台灣文藝》，當時我們想到若查禁此刊物後，就沒有代表台灣本土的文學雜誌。於是我就去找鄭烱明醫師與曾貴海醫師，一起討論想辦一份能有台灣主體性的台灣文學雜誌。」於是一九八二年就創刊《文學界》雜誌到一九八九年停刊，七年之中出版了二十八期雜誌。

　　但在彭瑞金撰寫的《高雄市文學史》中卻有這樣的說法：「……《台灣文藝》即將廢刊停辦的傳言，不是《文學界》創辦的動機，至於由《文學界》代替《台灣文藝》傳承台灣文學香火的說法，正是《文學界》正式發刊以後的事，《文學界》的創刊，有它自己站在台灣文學制高點的見解，志在推展台灣文學的本土化運動。」這是文學評論家的看法，留 大家共同來思考。

　　當年創刊《文學界》時陳坤崙擔任發行人，主編以委員會方式進行，執行主編為當地的小說家許振江編輯。在第一集《文學界》的編後語寫著：「《文學界集刊》主要以居住高雄附近的詩人、作家為核心，分擔合作辦起來的文學刊物。雖然以高雄的作家為主，但並沒有狹隘的地理觀念，更沒有畫圈圈

獨善其身的企圖。」第一篇爲文壇大老葉石濤的〈台灣小說的遠景〉，文中強調：「……我以爲台灣小說應整合傳統的、本土的、外來的各種文化價值系統，發展富有自主性的小說。台灣文學是居住在台灣島上中國人建立的文學……我們的作家一向都以寫實主義爲寫作傳統，這在台灣海峽兩邊並沒有什麼不同。所以台灣小說應該注意地方色彩濃厚，自主性強烈的表現並不意味著台灣作家要建立脫離民族性格的文學。」從這段話中葉老已明顯告訴我們，台灣必須建立以台灣爲主體的文學，也就是說確立台灣文學的獨立性，這也該是創辦《文學界》的主要目標。

從《文學界》第一期的目錄上，我們看到了發表文章的陳秀喜、鍾肇政、李喬、廖清山、陳千武、林宗源、東方白、許達然、趙天儀等。專題討論鄭烱明的詩，一九四九年出生的鄭烱明，當時已出版三本詩集《歸途》、《悲劇的想像》、《番薯之歌》。已經獲得過一九六九年全國優秀青年詩人獎、一九七九、一九八〇年獲吳濁流新詩佳作獎。參與討論的作家有陳千武、葉石濤、李魁賢、李敏勇等人。

鄭烱明曾說：「我的詩，因爲我關心這個社會，我不要做一個活在時代裂縫的人。成功的詩是否定流行的……」又說：「詩人的責任是寫出他那個時代的心聲。」我們常說作家、詩人是社會的良心，必須以文學的形式去批判社會的不公不義，詩一定要介入生活，關懷現實爲卑微的人發聲。

在一九七九年鄭烱明就發表〈番薯〉：「狠狠的 / 把我從溫暖的土裡 / 連根挖起 / 說是給我自由 / / 然後拿去烤 / 拿去油炸 / 拿去烈日下曬 / 拿去煮成一碗一碗 / 香噴噴的稀飯 / 吃掉了我最營養的部分 / 還把我貧血的葉子倒給豬吃 / / 對餘這些 / 從前我都忍耐著 / 只暗暗怨嘆自己的命運 / 唉，誰讓我

是一條番薯／人見人愛的番薯／但現在不行了／從今天開始／我不再沈默／我要站出來說話／以番薯的立場說話／不管你願不願意聽／／我要說／對著廣大的田野大聲說／請不要那樣對待我啊／我是無辜的／我沒有罪！」這首詩是發表在當時政治氣氛相當低迷的年代，美麗島事件影響台灣人的心情，詩用「番薯」來象徵台灣人的立場，如果我們以番薯的立場，去感受台灣人的命運，這是一種控訴、一種批判，使我想起當年賴和所說：「我生不幸為俘囚，勇士當為義鬥爭」的抗議精神。

按照陳坤崙說法：「《文學界》的時代重要的目標之一要書寫台灣文學史，但找不到適當的人書寫。最後才由葉老獨立完成《台灣文學史綱》，這本書是在此雜誌刊登。為了確立台灣文學的史觀。」如果仔細去考察，《文學界》刊登了台灣文學相關的史料，在每期都做一個台灣作家的作品討論，同時還刊登了台灣文學重要作品東方白的《浪濤沙》，以及陳冠學的《田園之秋》等。

《文學界》創刊當發行人的詩人陳坤崙，在一九八〇年已出版過《無言小草》與《人間火宅》等書，這位一九五二年出生的詩人，曾擔任過三信出版社、大舞台書苑出版社編輯，一九七五年自創「春暉出版社」，十七歲時因與病魔博鬥後，開始寫詩，因涉及文學運動過深，而創作中斷。現在來看他的早期作品〈小草〉：「在厚厚的柏油路底下／／沒人察覺我活得那麼辛苦／祇好伸著我的根／像無窮無盡的泥土吸取養分／／終於我推開厚厚的柏油路壓力／伸著脖子張開眼睛瞧瞧這個世界／汽車的輪子立刻把我壓扁／／身為小草／只要有根／沒有任何東西把我毀滅」，看這首詩雖然寫「無言」小草，並非真的無言，是一種被壓迫的痛苦，隨時遭到迫害，那是多麼悲慘的語言，該是無言的抗議吧！

在一九八九年許多台灣作家投入參與社會運動與政治活動，疏於文學創作，在巧婦難煮無米之炊的情況下停刊。兩年後《文學界》的朋友，希望能有學界參與其中，把文學與政治運動結合起來，因此在一九九一年十二月創辦了《文學台灣》雜誌，希望能將台灣文學推進校園，希望大學設立台灣文學系，因此可以說雜誌扮演「台灣文學的設系」運動重要角色。

我們在羊子喬出版的《臺灣主體的建構——台灣文學系的誕生》一書中，可以看到仔細的紀錄，就像彭瑞金在書序中寫著：「……我被參與伙伴推舉為『台灣文化界聲明』——〈大學文學院不能沒有台灣文學系〉的撰稿人，就是刻意把大學非設立台灣文學系的理由，立基於納稅人民的權利不容忽視的社運出發點上。」這個聲明獲得十八個社團的聯署，彭百顯立委在立法院召開公聽會，許多人共同的努力，終於把台灣文學系推進學院，也設立了台語、台灣文化、台灣歷史等系所。這其中當然有許多不順利，直到陳水扁當總統時，文學界與政治界的結合，找到當時的教育部長曾志朗協商才多幫助了台灣文學系。

《文學台灣》雜誌是把文學創作與社會運動結合在一起，用雜誌做媒介來凝聚學界、文學家的台灣意識，當時的發刊詞鄭烱明以〈衣帶漸寬終不悔〉一文中說：「近年來，台灣作家為了關心台灣的前途，希望使後代子孫能生活在一個真正民主的國度，他們有的投入政治運動，犧牲了自由，有的暫時停下筆來，參與社會改革，雖然成績不見理想，但也有幾分收穫……為了壓抑本土文化的自足自立茁長，當權者一直強調要大家『立足台灣，胸懷大陸，放眼世界』。可是立足台灣是假的，他要我們無視於腳踏這塊土地的現實，而把所有的夢想寄託在一個遙遠的專制帝國。」

　　陳芳明在發刊詞〈撐起九〇年代的旗幟〉中寫著：「以《文學台灣》命名，是因為我們把文學當做是動態的，我們希望以文學的力量來推動台灣；也希望使整個台灣文學化。自有台灣文學以來，就是以運動的形式存在的了。我們不以靜態自居，而是配合台灣社會的變動展開文學運動。」

　　做為《文學界》與《文學台灣》兩本雜誌重要角色的曾貴海，定居高雄以後，就以在地人的心情寫了《高雄》與《高雄人》兩本書籍，這是做為一個高雄居民，面對自己的生活環境，所發出的聲音，是一種市民覺醒的訴求，比如這首〈高雄人〉：「一顆顆填滿了火藥的／炸彈／擁擠在局促的空間／稍一觸碰／便莫明其妙的轟動起來／／心臟旁邊的口袋／總是少插了一朵花」，這是居住在都市叢林中的詩人，面對生活環境的控訴。又如〈煙囪的自白〉是一種深沈的反諷：「……幾十年來／居民們日夜不停的望天／怒視／污塵蔽日的高雄／最最自由的煙火」，煙囪為什麼自由的在城市冒煙？值得大家共同思考。從媒體上常看到居民對工廠空氣污染的抗爭，公權力卻無法去做改善，到底這是什麼原因？

　　從《文學界》到《文學台灣》這兩本雜誌中，我們看到高雄地區的作家，建構台灣文學的主體精神而努力，為了設立台灣文學系而奮鬥，為了保護高雄的環境，發起綠色革命的社會運動，如今為打造國際化的高雄，大家同心協力去建構文學的場域，讓來高雄的遊客，能透過文學步道、文學館來了解高雄、親近高雄。

三、蓮花潭畔的詩語

　　在左營區有一座擁有四十二公頃大的蓮花潭，天亮時就

有許多市民，在湖畔散步或晨跑，練氣功、打太極拳呼吸新鮮空氣，這面湖如高雄的一面明鏡，映照著居民的心情。據說，在清朝時，潭中長滿著蓮花，有鳳山八景中「泮水荷香」的美譽，泮水是指蓮花潭，可見當年的蓮花是多麼吸引人，這座位於舊城與半屏山的蓮池潭，湖邊有許多古蹟廟宇，引來許多遊客與旅人，我的同學陳番王住離蓮花潭不遠的地方，他常帶我來蓮花潭散步、聊天，潭區給我一個很深刻的美好印象，如今又建造高雄文學步道增加了我對它的喜愛。不禁想起一九九九年我在彰化提出建造「八卦山的文學步道」的種種回憶。

二○○九年高雄市政府，在美麗的蓮花池畔建造了「高雄市文學步道」，透過了造型獨特的景觀，注入了高雄的人文精神。選擇了台灣文學領航者葉石濤與高雄作家汪啓疆、周梅春、鄭烱明、鐘順文、李昌憲、錦連、曾貴海、路寒袖、吳錦發、張德本、凌煙、黃樹根、陳坤崙、彭瑞金等十五位作家的

▼蓮池潭的詩語

詩語。高雄市文化局長史哲在高雄文學步道導覽手冊《掉落蓮花潭的詩語》序文中寫著：「文學延伸了城市的文化，無論是基層的奮鬥、生活的歌頌、人與人的情感、在地的特色等，都可以藉由文字傳達城市裡豐沛的生命力。從作家的角度出發，一句話、一段文，都是一種愛城市的方法。」我們常說作家是卑微人物的代言人，常民的心聲或吶喊常透過作家的筆說出來，傳播到遙遠的地方。

這條長達五百十七公尺長的文學步道，設在孔廟的旁邊，有一種傳承文化的象徵，就如詩人鍾順文〈孔廟〉中的詩句：「坐在孔廟的石階上／看學子們的背影／如何斑駁歷史／又如何重新燃起／文化裁新的燭臺」，這位長住高雄的客家詩人，以石階來暗喻時間的變動，並寫出對過去儒家思想的懷念，透

▼鍾順文〈孔廟〉

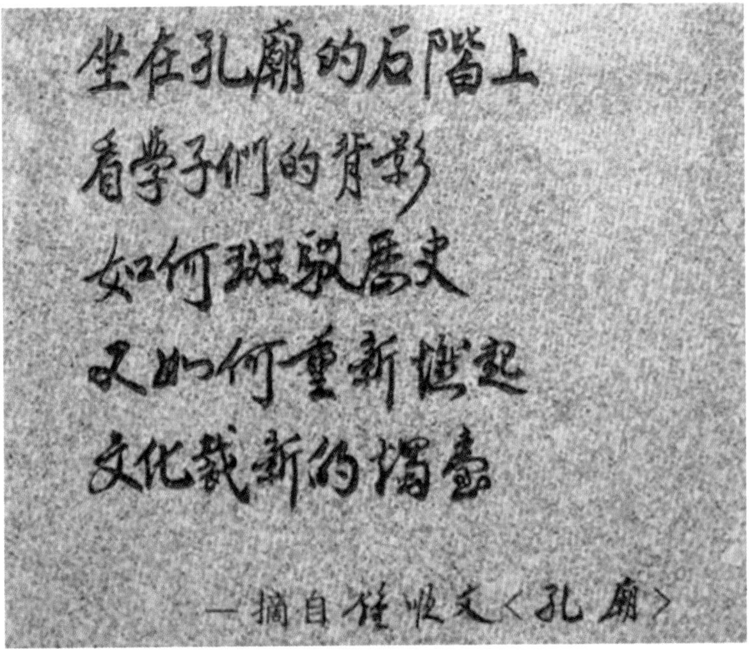

坐在孔廟的石階上
看學子們的背影
如何斑駁歷史
又如何重新燃起
文化裁新的燭臺

——摘自鍾順文〈孔廟〉

露出對傳統有承繼之情，又想開拓未來的文學新境。步道上的詩語請台灣文學大老鍾肇政書寫，鏤刻在公共藝術上的書法，讓我們追隨著前輩蒼勁有力的文學底蘊前進，走文學步道時，這座城市的文學與藝術走進了我們的生活。

由彰化移居高雄的詩人錦連，一生中不撐「順風旗」的硬頸個性，傳承礦溪文學的精神，又被尊稱為「鐵道詩人」，是一位好學、博學又嚴謹的長者，文學步道選擇了他的〈距離〉寫著：「遠古的神話世界／吵嚷喧嘩的現世／蓮花仍謙虛的開著／／神明和人類的距離／那麼的遠／又這麼的近」，這首詩導讀作者彭瑞金、曾貴海寫著：「隱約展露出蓮池潭風景區人神共存的對比景象，古老的神話與現實中的喧嘩，構成人間與蓮花世界的距離，在無限遠與眼前之間，存在著無法丈量的差異與距離。」這位曾獲二○○四年「台灣文學家牛津獎」的詩人，二○一○年十月由台灣文學館出版《錦連全集》共十三冊，內容包括中文詩、日文詩、翻譯卷、小說、散文及相關資料，台灣文學館館長李瑞騰在序文中指出：「錦連既是日據下社會主義思想的薰染，受過現代派洗禮，且長期致力於台灣新

詩的本土化,其所累積的文學成就,堪稱具有指標性意義。在我們所策劃的《彰化學》叢書中,也出版過由詩人蕭蕭、李佳蓮編輯的《錦連的時代——錦連新詩研究》評論集,蕭蕭在序文中寫著「……錦連堅決不舉順風旗,即使在現代主義現世、超現實主義超世的時代,他是可以引領風騷的,他是可以亮出金牌的,但他像鐵軌一樣剛直的性格,並未利用熱氣流旋昇自己。」這段話說明了錦連的詩與人的風格,是文學家的一種典範。

高雄有一群綠色運動的文化工作者,以保護環境為訴求,許多作家從綠色運動中汲取文學創作的題材,寫出他們的文學作品,曾貴海有《被喚醒的河流》、《留下一片森林》、 幸枝編輯了《柴山主義》、吳錦發寫出《生態禪》,這些作品都是因為高雄的綠色運動而產生,算是一種綠色文學資產,高雄文學步道也做了吳錦發的〈生態禪〉:「被侮辱的山/不說話/被侮辱的河/不說話/她只是沈默著/等待收容你逐漸發臭的/屍體」,詩句中明顯寫出山、河被污染的情況,默默的去承受人類帶給他的苦痛,諷刺的是山河卻等待著收容人類的屍

體，這首詩是深沈的批判與抗議，帶給人類反思，暗喻了土地胸襟的開闊。

小說家吳錦發出生於美濃，是在七○年代崛起的小說家，曾任電影導演助理、報紙副刊主編、南方綠色運動的核心成員、文建會副主委等職務。出版過短篇小說集《放鷹》、《靜默的河川》、《消失的男性》、《燕鳴的街道》、《春秋茶室》、《流沙之坑》，以及散文集《生態禪》、詩集《生之曼陀羅》等作品。

高雄文學步道唯一被收錄的女作家凌煙，文句摘自其成名作《失聲的畫眉》（這本獲得自立晚報百萬小說獎），摘錄段落爲：「畫眉的叫聲原本應該比任何的鳥類要更悅耳動聽／更美妙悠揚／可是一旦失去環境的畫眉／連帶著也就失去牠婉轉的鳴叫／變得一無是處」這段話某種社會現象。歌仔戲的沒落，象徵一種傳統的衰竭，這種戲可能沒有跟著時代在進步，於是遭到淘汰。就像天生美妙的畫眉失去了歡樂的歌唱環境，必然失聲。

葉石濤曾說：「屬於封建制度的歌仔戲班，有舊道德與新倫常之間的矛盾，作者逼眞的呈現了此一現象。」曾經進入歌仔戲團的凌煙，只是忠實的反應她的生活，表達了特殊的生活經驗，使她成功的保存了時代的面貌的作家。

高雄文學步道收錄一首台語詩，是路寒袖的〈花開萬年〉：「台府一縣治／代代淡新穎／潭水水清雲照境／翠屏日影好心晟好山好水眾人看／無人會凍獨佔贏／蓮花花全開／花香香萬年」，這位曾任高雄市文化局長的詩人，透過地理、歷史、人文追憶過去萬年縣的美麗景觀，清朝時期的鳳山八景中的「泮水荷香」與「翠屏夕照」的場景，也敘述舊城的無常變遷，並期待蓮花開萬年，也暗喻左營之名——萬年之城。

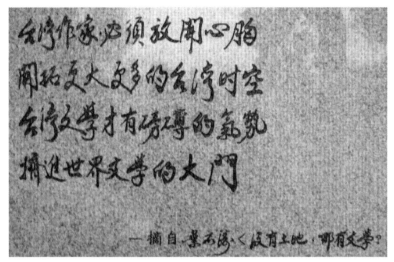

台灣作家必須放開心胸
開拓更大更多的台灣時空
台灣文學才有磅礴的氣勢
擠進世界文學的大門

——摘自 葉石濤〈沒有土地，哪有文學？〉

▲摘自葉石濤〈沒有土地，哪有文學〉

　　當你到左營的蓮花潭，記得去走走這條文學步道，去找尋詩人遺落在潭邊的詩語，來滋潤你的心靈，一定會有預想不到的快樂。

四、左營高中的台灣文學館

　　位於左營區海功路五十五號的左營高中，創校於一九四六年，學校歷史還沒有過百年，是少數高中校園中設有台灣文學館的中學。二○一一年十月二十六日我特別拜訪左營高中圖書館主任郭大崑，郭主任帶我參觀校內的「台灣文學館」，發現館中收集有版畫家林耀堂的二十張版畫，這二十位都是台灣文學的作家，依年齡的大小排序有：鍾肇政、葉石濤、錦連、鄭清文、李喬、白先勇、陳若曦、楊青矗、鍾鐵民、莊永明、曾貴海、康原、彭瑞金、鄭烱明、陳憲仁、黃武忠、陳坤崙、吳錦發、楊翠、王家祥等。

踏進文學館就看到兩幅詩人李昌憲的篆刻作品，刻的是葉石濤：

「沒有土地，哪有文學？——我致力於撰寫台灣文學史，身為台灣的一個知識分子，這是我責無旁貸的使命，作家必須是人道主義者，奉獻和獻身是作家唯一的報酬。」另一幅刻著：「作家是土地上的鹽——鹽是一般人看不起的小東西，但身體缺鹽就不能生存，食物沒鹽就沒滋味，文學跟鹽一樣，沒有偉大的力量，但和一樣會滲透到每一位人的心靈。」這該是葉石濤先生的文學觀以及致力書寫《台灣文學史綱》的心路歷程的寫照。

彭瑞金在《高雄文學史》論及葉石濤，有這樣的一段話：「……從發表〈台灣的鄉土文學〉到著手寫《台灣文學史綱》，葉石濤整整經過二十年，從文學依存於人（省籍作家及其作品），到文學依存於現實（歷史，以及經由歷史凝聚的台灣意識），再而提出文學依存於土地（沒有土地，哪來文學）。葉石濤的台灣文學史論三部奏，有不能切割的黏連，也留下了辛苦的雕鏤、修正的痕跡。」又說：「《台灣文學史綱》執行了葉石濤台灣文學史論最後一點結論，以台灣土地上發生的文學都是台灣文學的觀點，寬容了包含了自沈光文以降，所有發生在台灣土地，以及因這塊土地而發生的文學。」

二〇〇三年左營高中文學館開館，林全義校長寫了一篇〈圓一個臺灣文學的夢〉中說：「左中台灣文學館的成立，除了周前校長忠信先生的推動，彭瑞金老師與許素貞老師的意見諮詢外，校內全體國文科與社會科的老師都積極參與。」可見左中是一個注重人文教育的學校，關心自己土地上的文學，而在左中教書又研究台灣文學的彭瑞金老師，想必是左中文學館創立的重要推手，而林全義校長在籌備文學館時任教務主任，

該是文學館成立的實際操盤手。

　　周忠信校長在〈左中「台灣文學館」設置淵源始末〉中寫著：「在我長期從事教育工作的生涯中，我深深的體會到教育與文化是密不可分的。培養一位學生，除了提供現代化生活必須的科技、資訊的知能外，最重要是涵養其人文素養，而人文素養的含意就是文化精緻與傳承，也就是藉文化活動的推動，把文化的精隨內化內化於學生的日常生活中。」又說：「文化即是先民的生活紀錄，亦是先民的生活精粹，而文學則是呈現人民文化最佳的方式。也就是文學是文化最核心的呈現，高中教育階段去推動文學教育是較適當的。」因此左中文學館中，收集了許多台灣作家的作品之外，還收錄作家的圖像，以及台灣人生活中的各種器物。

　　負責文學館業務的郭大崙主任，親切的帶著我參觀館中的常民生活器皿與文物，有過去農業社會用陶土素燒的碗及盤，碗上有類似文人畫的花，淡描素筆頗富筆趣。還有做紅龜粿的模具，俗稱「粿印」是以木頭刻成，上有烏龜殼花紋成橢圓形，龜甲以凸凹的線條排列組成，成放射的波浪形，中間刻一壽字取龜長壽之意，象徵吉祥。還有做米苔目板，傳統米食的米苔目可煮湯或炒食，還可加冰食用，手工的篩板已經很少見了，文學館中還收藏著。

　　另外，還有生活器物斗笠，台語「笠仔」用來遮陽防雨；蓑衣俗名「棕蓑」，是古代的雨衣，古代農書曰：「簑，所以備雨；笠，所以禦暑。是農民必備之物。其它有銅鈴牛擔、屬於北管的打擊樂器羯鼓、三絃、甕、柴刀、木屐等，生活上的器物」。在牆上掛有兩個精緻的木刻雕有祥獅弄珠的雕件，木雕兩旁有兩行字寫著「讀書起家之本／和順齊家之本」，整個文學館充滿著台灣人的生活趣味。

　　郭主任告訴我，文學館除了給學生參觀之外，常常舉辦文學活動，曾經請過許多學者、文學家、藝術家蒞校演講，包括學者李永熾、龔顯宗、林瑞明、曹永洋、朱邦雄、蔡爾平及作家葉石濤、東方白、吳晟、吳錦發、鍾鐵民、李魁賢、李敏勇、王家祥、藍淑貞等人。

　　左中文學館每年舉辦閱讀作家的活動，二〇〇四年開始，由在地作家葉石濤開始，先後出版過《閱讀葉石濤》、《閱讀鍾理和》、《閱讀賴和》、《閱讀楊逵》、《閱讀鍾肇政》等專刊，首先進行作家作品導讀後，並前往參觀國家台灣文學館與欣賞影片，再進行參觀作家的作品或生活相關文學地景，回

▼高雄文學館前，書本造型景觀

到學校以後書寫讀書心得報告，做為徵文比賽之用，選出得獎作品，並出版專集。

　　二〇〇六年「閱讀賴和」的活動中，除了邀請陳芳明專題演講「賴和與台灣新文學運動」之外，還有一場呂興昌教授講「用賴和e耳孔聽賴和e漢詩」，並到彰化來參觀賴和紀念館後，前往八卦山文學步道，由我導覽八卦山文學步道後，又去參觀花壇的休閒農場，與到溪湖糖廠坐火車，體驗賴和漢詩中的農村生活與蔗農處境，在那次活動中，看到左營高中的師生對台灣文學的熱衷，與認真的學習態度，事隔那麼多年我還記憶猶新。

　　如今的左營高中，可以說是培養學生親近台灣文學的地方，讓學生了解作家與土地的關係，透過「閱讀經典人物」去培養學生追古溯今，從成功人物的身上學到獨立思考、解決問題、表現創新、溝通與分想、尊重與關懷、文化學習與國際了解等能力，這是一種高中學生的教育目標。

五、走入高雄文學館

　　坐落在高雄市中央公園中的高雄文學館，這個地方是重要的文教商業複合區，在綠意盎然的綠林中緊鄰城市光廊，此館前身為高雄市立圖書館的第二總館，二〇〇三年為了營造都市美學空間，加強圖書館的空間改造，改為文學創作與觀光休閒的文學館，突顯文學館打造高雄為優美的文學天地。館前的「高雄文學館」由葉石濤題字，並在前門的廣場上，做了一本立在土地上的書本造型景觀扉頁上寫著：「沒有土地，哪來文學？認同自己所屬的土地與人民，描寫本土人民現實離合悲歡的人生，乃是作家責無旁貸的使命。文學來自土地，作家描寫

的是他所生存的、他最熟悉土地和人民的生活現實；即使任他的幻想和理想自由自在翱翔在廣闊的天空，但是他的幻想並非憑空產生，仍是紮根在土地的人民。」這該告訴我們作家與土地與人民的關係，也代表著高雄的文學特質。

書本景觀前雕塑葉石濤坐著的全身像，手中拿著一本書，一個小孩在他身邊，猶如聽葉老師講故事，書的另一端又有一個小孩，望著這一老一少在說書與聽故事，那天我到文學館前，一位老先生半臥的躺在雕像旁休息，猶如享受著這對老少在讀書中享受親情的樂趣。站在雕像前我想起了這樣的一段話：「在城市的心中種上一棵樹，日光很亮，風很淡，於是我們開始在樹下看書，在樹下閱讀，在樹下過日子，在樹下說著、寫著我們的故事。」

記得我曾經兩次到過高雄文學館，一次應當年應文化局長路寒袖之約，送文學到校園系列活動，去演講「傳唱台灣文化」，演講前由施館長陪同參觀文學館設施，第二次應《台文戰線》雜誌胡長松之邀，在一個週末到文學館中來演「傳唱台灣詩情」，近年來我透過創作台語歌去記錄我的童年生活與土地的變遷，用歌曲去傳唱台灣的故事，深受聽眾的歡迎。而此次我約了高雄作家陳坤崙與李昌憲在此見面訪談，主要想來了解高雄的文學概況，做為書寫高雄的準備。

館內除了書庫及期刊區外，更規劃了名作家文物展示區、高雄文學專區及休憩閱覽區、作家資料庫查詢區、高雄作家著作專區、文學圖書館、期刊區及服務櫃台等設施。我站在高雄作家文物展示區，閱讀這些作家的簡歷、照片與手稿著作等，這一區的作家資料有我熟悉的朋友，有些未曾某面卻看過他們的作品，這些作家有的是出生高雄，有的是到高雄工作，也有曾在軍中服役的詩人，據說到如今約收集了近一百五十位作家

資料及相關的資料，供給市民及須要的人閱讀。

　　二○○六年更完成了「高雄作家資料專區」，展覽高雄作家之經歷照片與創作文物，並結合了網路，將作家資料數位化典藏，透過網路讓更多人可以了解高雄作家。站在這些作家的影像前，想起高雄文學的一些相關事宜：談到高雄地區的作家，彭瑞金對在六○年代後的高雄文學有這樣的說法：「……在全國性的文壇爭戰，他們大都能憑一己之力，馳騁在台灣文學的原野；葉石濤六○年的小說和文學論述能在《文壇》、《台灣文藝》、《台灣日報》、《文星》、《小說創作》、《幼獅文藝》等背景性質駁雜的報刊、雜誌刊出，固然彰顯他的游擊戰策略成功……鄭烱明、李敏勇由於加入《笠》詩社，

▼高雄作家資料專區

很快成為《笠》詩社的中堅世代，後來曾貴海、江自得也成為《笠》的重要成員。莊金國加入《笠》，又成為《主流》的骨幹，《主流》因他擔任主編，而把編輯部遷入高雄。陳芳明參與《龍族》的創立，也是《龍族》的掌旗。楊青矗的作品，也都能攻占《台灣文藝》、《中國時報》、《青溪》、《幼獅文藝》等山頭。」這段話足以彰顯高雄作家在台灣文學的天空中，占有相當重要的地位。

出生在高雄，最近推出《台灣新文學史》的高雄作家陳芳明，在此書的扉頁上印著：「獻給葉石濤先生，牽引我走入台灣文學／謹呈余光中教授，最早讓我嘗得詩的滋味／齊邦媛教授，教導我如何從事文學批評」，陳芳明的文學志業，影響他的三個人，有兩位是高雄文學館中的作家。可見高雄是台灣文學重要的基地，而彭瑞金對陳芳明的文學有這樣的看法：「……開始由詩人、詩評論家，轉換為政治評論家，由歷史學者的專長而寫詩、寫抒情散文，多重且兼揉的文體與思維，交集成他在評述文及散文寫作獨具的風格與魅力。他的散文，以被禁制、放逐的流亡者鄉愁為主調、淒美卻不失敏思。喻為『鞭傷之島』。每到秋後，就會接到母土鄉情的召喚、以生命

中最強悍、最無可理喻的還鄉意志，奮勇回鄉的鮭魚，也是他散文詠嘆的基調。」這該是陳芳明散文作品的重要面相，我們可以從陳芳明的散文中讀到台灣的歷史傷痕。

　　二○○六年也開始舉辦「文學家駐館」活動，隔週邀請一位高雄作家駐館，透過住館作家與民眾接觸，討論文學作品，讓民眾對於作家能有更深一層的認識。並形塑文學館為高雄市文化新座標，並藉由這股凝聚力為文學的發揚及傳承去體現高雄的輝煌。同時辦理作家創作文物展，展出照片、手稿、寫作年表及相關著作等創作文物，並辦理文學講座，作家們演講的內容及豐富的創作題材，提供民眾寶貴的文學饗宴，文學館提供可與作家暢談創作想法或討論作品的機會，讓民眾深入瞭解文學創作的內涵，與文學家建立起親近關係，聽說講座場場爆滿，對以文學行銷高雄樹立新的指標，引發的效益更成為一種風潮，有作家說自己與高雄有過淵源，也有作家以身為高雄作家為榮。而來參加的聽眾，也會感到讀文學作品可使生命更加豐富，創作文學作品更可以培養對人物事的敏銳度，而高雄文學館的設立不只是提供了民眾閒暇之餘的好去處，更使民眾的心靈在這紛紛擾擾的世界中能夠沈澱、找到依靠，文學不再是那樣遙不可及，透過展覽、活動等方式，讓民眾能更親近文學，帶動高雄文學的發展。

第四章　美濃文學家及文學步道

文：康原／攝影：鍾舜文

一、美濃，台灣文學的聖地

　　二○○○年開始，我在員林、彰化等社區大學，教授台灣文學的相關課程，陸續介紹台灣作家及其故鄉，每年都會有校外教學，總會安排學生走訪作家的故鄉。因地緣關係首先參觀彰化的賴和紀念館及八卦山文學步道、然後到台南新化的楊逵紀念館暨美濃的鍾理和紀念館，讓學生走入這些文學的聖地，了解作家創作的文學場景，以及其生活的地方與文學作品的關係。

▼菸葉

　　美濃是一個客家人聚落，客家話：瀰濃（Mìnùng）位居高雄市的中央，以濃厚的客家文化聞名。地形上為山區平原地形，東鄰六龜區、東南鄰屏東縣高樹鄉、南鄰屏東縣里港鄉、西鄰旗山區、北鄰杉林區。是荖濃溪出山口所在，全區水文系統豐富，有荖濃溪與其支流美濃溪貫穿全境。

　　菸葉是美濃區的重要作物，過去有菸草王國之稱，菸樓是美濃聚落建築特殊建築景觀，來美濃可以欣賞這些特殊的建築物，了解菸草的歷史及種植情形。這裡的美濃油紙傘最能代表美濃特色的民俗藝品，堅固輕巧的結構與彩繪紙傘是吸引觀光客的藝品。油紙傘本是美濃地區客家人出門為遮陽擋雨的工具，由於紙與子諧音，所以男孩十六歲成年禮時，父母就會贈送一對紙傘，紙傘中有四人且傘形圓滿，所以女兒出嫁時，父母也會贈一對紙傘，希望女兒能婚姻美滿、多子多孫，有象徵吉祥的含意；由紙傘所散發出古典雅致的氣質，不但滿足人們懷舊情懷，也是具有珍藏價值的藝術品。瀰濃庄敬字亭在中山

▼採收菸葉

▼左鄰右舍一同整理菸葉

路、永安路口，瀰濃庄敬字亭已有三百多年歷史，列屬國家三
級古蹟，古代在此凡是有文字的廢紙必須集中於惜字爐焚毀，
以示對知識的敬重。可見美濃人重視教育文化的傳統，也訴盡
了美濃的文化風情，也是畫家們寫生最好的景點。

　　鍾理和紀念館位於美濃區，由朝元寺旁的平妹橋左轉即
可到達，落成於一九八三年的鍾理和紀念館，是由民間合力所
建造的文學家紀念館，紀念館共分為兩層樓，一樓展示鍾理和
生平文學創作及相關資料，鍾理和生前使用的書桌、書架、
眼鏡、印章，還有他坐在木瓜樹蔭下寫作的木板。還有他的藏
書、剪報資料、書信、日記、雜記、照片等文物。二樓則收藏
台灣地區作家的手稿及作品、作家影像及相關史料。紀念館簡
單的外觀與山居的環境，吸引了許多遊客前來參觀，館外有徐
徐的微風吹來，以及鳥鳴及蟬聲彷彿讓人進入濃厚的文學情境
中，回到歷史的時光隧道裡。

二、鍾理和與《笠山農場》

鍾理和於一九一五年（大正四年）十二月五日，出生屏東高樹，一九三二年移居高雄美濃。鹽埔公學校畢業後，在私塾學習漢文，引發對文學之興趣。童年，在日人高壓統治下，偷偷閱讀中國五四時代的作品，遂產生憧憬祖國的情愫。十八歲才隨父親遷居美濃，十九歲的時候，鍾家在美濃買下大片山地，經營農場，他被派到農場督工時，結識鍾平妹女士，並與她相戀；但在那個保守的年代裡，同姓結婚遇到家庭和社會的強烈反對。這和鍾理和從文學和現代知識所獲得的體認有極大的出入，他決定反抗封建思想，挑戰台灣習俗。一九四〇年，攜帶鍾台妹遠赴中國奔逃到瀋陽，由於他固執堅強的性格及忠於感情的行動，使他寫成了《笠山農場》及《奔逃》、《同姓

之婚》等作品。

　　鍾理和將年輕時代的浪漫愛情、以及在中國的人生經驗寫成了〈原鄉人〉、〈初戀〉、〈往事〉等作品。鍾理和二十三歲時，長子鐵民誕生於瀋陽，生活困頓無錢購買奶粉，幸有鄰居資助，鐵民才得以生存，此事經寫成日記體中篇小說〈門〉。同年夏天遷居北平，開始短篇小說的創作，以冷靜的態度觀察北京的市井小民生活，完成〈夾竹桃〉、〈新生〉、〈游絲〉、〈薄芒〉等篇章，後來結集成《夾竹桃》。這是生前第一本的創作集。書中充滿年輕銳利的批判眼光，以旁觀者對古老中國的生活做語重心長的審視與反省。是年一九四七年一月就因肺病北上台大醫院診療，治病三年餘，死裡逃生後仍不免負債累累。此後，他又立刻進入一段漫長的和病魔抗戰的日子。病情惡化後，辭去教職，進入松山療養院長期醫治療養，其間一度因結核菌入腸胃，差點被病魔擊倒，適抗生素發明傳入國內，始能死裡逃生。直到一九五○年十月底，動過兩次大型胸腔整型手術之後，病情始穩定才退院回家。

　　戰後在北京沒台灣人的生活空間，一九四六年回台並任教屏東內埔初期中學，是時當代用教員，歸台後將自己的見聞寫成〈祖國歸來〉、〈故鄉〉、〈海岸線道上〉等篇章，描寫戰後台灣農村的衰敗與凋敝，是極富震撼力的戰後台灣農村素描。是年八月就因肺病，割去肋骨七根。出院後將近十年間，絕大部分的時間只能在家養病，這期間幸好認識了林海音、鍾肇政，及獲文友廖清秀、文心、陳火泉鼓勵，才重燃寫作的生機。到了四十一歲，《笠山農場》獲得中華文藝獎金委員會長篇小說第二獎（第一獎從缺），一時文名大噪。終其一生，這是他最感驕傲的事。一九五九年八月四日，鍾理和於病床上修訂中篇小說〈雨〉時，舊疾復發，一九六〇年八月四日，血染稿紙，終不治病逝，享年四十五歲，被同期作家陳火泉稱為「倒在血泊中的筆耕者」。

　　鍾理和的大部分作品，則在他生命的最後十年間完成，而這些作品就是他的生命表白，有如河中的水自自然然的流出，最早的是他的同姓之戀的故事，其實就是一場奔逃的經過，以及在異地他鄉的困苦生活體驗，是一本自傳式的小說作品。按照其兒子鍾鐵民說：「先父的小說《笠山農場》以美濃為背景，描寫日治時期美濃農村中一段墾荒開發的故事。故事雖然也有一些實際的一些情節作為根據，但是小說的性質原本就屬虛構，讓讀者閱讀後感覺很真實，但卻不是『事實』。可是不少讀者把小說當成事實，結果把故事中的人物、地名都當做是事實存在的，因此他們的鍾理和紀念館參觀時，便會問農場中的『笠山』是哪一座。其實笠山只是先父小說中創作出來的名稱，現實中如果有差堪相似的山，那或許就是紀念館後面的小山峰……幾十年間物質文明像水一樣從四面八方滲透來……鍾理和的作品中對美濃有生動深刻的描寫，讀過他的作品都會對

美濃留下美好的印象。」這段話足以說明要了解美濃，閱讀鍾理和的小說是必要的選擇方案。美濃的傳統文化之美，也會因為鍾理和的小說而永遠被傳誦下去。

撰寫《台灣新文學史》的評論家陳芳明，曾指出：「鍾理和文學的主要意義，在於使日治時代建立起來的寫實主義傳統，維繫著微細的一線香。他對鄉情、親情、愛情、友情的執著，使小說散發的人間的香味。他的寫實精神，並不具備鮮明的英雄性格。但是，在小人物中可以發現真性情，而在小事件中也隱藏著堅毅性格。」從這段評論中，我們去閱讀他的〈貧賤夫妻〉中的鰜鰈情深，〈薪水三百元〉的生活中之無奈，環繞在一顆崇仰生活、敬重生命的靈魂，散發出來的生活體驗和生命智慧，可以用來概括鍾理和作品的整體情調。雖然這又是一顆格外倔強、堅毅的靈魂，招惹了比別人格外深重的試驗和焠煉，鍾理和的作品卻告訴我們，面對多於常人的生命波折、

生活煎熬，鍾理和卻有一顆不屈服的靈魂，迎向前接受試驗，這構成鍾理和文學最重要的特質。

鍾理和的文學傳達出生命的感動，平凡故事中有不凡的生命靈魂，散發出人性的光芒。這些故事背後就是鍾理和的生命告白，作品翔實的紀錄了那個時代平民生活的點點滴滴，充分的流露出悲憫的情懷以及作家的人道精神，為台灣文學注入了新生命。他一生奉獻給文學，過著貧病交迫的日子，為自己設定文學的行程中，因為新的文學思想，使他有反封建的行動，因此可說文學為他帶來苦難。但也有這些苦難的痛苦經驗，成就了他永不屈服的文學靈魂。文學界籌建「鍾理和紀念館」，就是為了闡揚堅忍不拔的不屈靈魂，地方人士更把美濃鎮中正湖畔的一座新橋命名為「理和橋」，以紀念這位為文學獻身的可敬的偉大作家。

三、鍾鐵民《約克夏的黃昏》與《山城棲地》

認識鍾鐵民先生，約在一九八○年左右，第一次到美濃去拜見鐵民先生，是小說家許振江的引見，後來有好幾次機會去參觀鍾理和紀念館，後來我與鐵民兄漸漸熟了，他在旗美高中辦理文藝營，我也曾經受邀去上課，只因為彰化與美濃距離遙遠，我們的交往並不密切。直到女兒鍾怡彥與鍾舜文來彰化師大讀書，我們的往來比較頻繁了，每到了波羅蜜出產之時，他來看女兒總會帶來給我們分享，有時還帶來山雞及美濃的土產，慢慢變成了好友，每年我會帶我彰化、員林地區的社區大學的學生去參觀紀念館，每次他都親自為同學解說鍾理和的文學，分享他的山居生活。一九四一年一月十五日出生在中國瀋陽市的鍾鐵民，滿月後隨父母移居北京，戰後第二年回台定居

　　美濃，從此就沒有再離鄉，他與父親鍾理和同為享譽文壇的客籍作家。鍾鐵民自幼飽受脊椎結核症所苦，疾病使他駝背不良於行，然而身體的折磨並未阻礙他實現理想的熱情。鍾鐵民年少時就選擇步上父親的文學家之路，自美濃中學畢業後，於《中國晚報》發表了第一篇短文〈蒔田〉，隔年《聯合報》副刊又刊登了其創作的第一篇小說〈四眼和我〉。初試啼聲就能有如此亮眼的成績，除了受客家文壇先進鍾肇政、林海音等人提攜外，最重要的，還是鍾鐵民的優良家學淵源和文學基礎。曾獲得吳濁流文學獎、洪醒夫文學獎、賴和文學獎、高縣文學獎、省政府「文耕獎」。

　　鍾鐵民離開美濃北上就讀台灣師範大學時期，以〈土牆〉獲得《台灣文藝》徵文第一名。鍾鐵民畢業後任教期間，以教育工作者的角度，在作品中詮釋台灣農村教育情況，其文學作品多取材自美濃客家人，他的作品以農民與農村為題材，寫出台灣農民那種認命的性格。戰後的台灣工業入侵，農村社會遭受到很大的衝擊，農村許多問題產生了，作品中去觸及這些農村變貌的問題。有時也寫一些隨筆，寫鄉居的鄉親與農民

發生的趣事或糗事，寫花草樹木蟲鳥走獸，以及客家人的民俗風情。甚至於參與《美濃鎮誌》的歷史書寫，他在鎮誌的序文中說：「……本鎮藝文人士投入編寫工作，大家憑著對家鄉的愛心，抱著奉獻的精神，共同扛下這個重擔。」這是文學家對保存史料盡一份責任吧！一般人對於文學家的筆總是天馬行空，要書寫歷史是有疑慮的，但鍾鐵民做為一個作家參與書寫志書，也是抱著謙虛的態度參與，只想為家鄉盡一點心力。

他的文學作品有《石罅中的小花》、《菸田》、《雨後》、《余忠雄的春天》、《約克夏的黃昏》、《三伯公傳奇》、《山城棲地》、《鄉居手記》等作品。

鍾鐵民的小說〈約克夏的黃昏〉是寫一個牽豬哥的故事，以一頭種豬自白的手法，寫出台灣老式養殖業的興衰歷史，全文以諧謔語氣行文，一路道來，刻畫了農村樣貌，側面批評了農畜觀念與政策缺失。這是一篇笑中帶淚的作品，技巧純熟，語言活潑，尤其以豬種為「viewpoint」進行，頗能予人移情體會之妙趣。牽豬哥，就是趕公豬去交配，一般人的眼裡是一種低賤的工作，甚至也可以說是一種猥褻的工作。不過，卻早期台灣農業社會的一幅風情畫，台灣諺語還有：「牽豬高賺爽」，鍾鐵民在這一篇作品中用喜劇的表現手法。鍾鐵民的一生，是不幸的連續，父親鍾理和因肺結核英年早逝，他自己也患過腐骨症，終身殘廢，女兒又患過白血病。在遭遇到這麼多重大的不幸，他怎麼還能寫出喜劇？那是因為他是一個道道地地的農人，他了解農人的喜怒哀樂。一個真正的農人，不管發生過怎麼大的變故，都必須再回到田地上，再恢復平常的生活。農人雖然卑微，就像金字塔最低層的那些基石，但必須承受最大的生活壓力。其實，這種說法也可以適用於一般人民。這便是鍾鐵民作品的內涵。

〈約克夏的黃昏〉這篇小說，以約克夏爲主角及敘事觀點的故事，公視「文學過家」系列，曾以木偶傀儡的約克夏豬演出，加上了影像的效果更加生動。因爲敘述者是一頭豬，所以是非常有趣的寫法，寫活台灣老式養殖業的興衰史，全文以諧謔語氣行文，側面批評了農畜觀念與政策缺失，是一篇笑中帶淚的作品。小說家鄭清文曾說：「最近，美國中央阿肯色大學的文學院長 Dr. Maurice Lee 來訪，說美國短篇小說協會（SSSS），二〇一二年將在阿肯色州小岩城舉辦兩年一次的國際短篇小說研討會，會出版一本世界重要作家作品的英文選集。我們竭力推薦鐵民的〈約克夏的黃昏〉作爲台灣作品之一，因爲這一篇作品，最能代表鐵民的氣質和才華。」我們期待這篇小說能被選入，讓外國人了解鍾鐵民的文學。鍾鐵民的

創作量不算多，但不減對農村的關注，不僅推動美濃愛鄉協進會成立，以凝聚美濃人的環保、社區意識；曾任客家諮議委員的他，也將他對農村和客家的愛化作文字，更編寫客語教學教材贈與學童，為客家文化貢獻心力，用鍾理和紀念館來推動美濃的文學的據點，為後輩樹立了絕佳的人文典範。

我們可以從《山城棲地》中，讀到他對生態環境的思考，以及他生活在美濃的生活紀錄，評論家彭瑞金在〈鍾鐵民的山中傳奇〉文中寫著：「《山城棲地》和一般的自然觀察者寫得田野自然文學不同，在於它是純粹的山中居記事，既沒有知識的賣弄，也不存有護衛自然的使命，他只是生活在這裡數十年的山中居記事，他是屬於這裡的一分子，他記和他一起在這塊天地裡俯仰生存的人，也記同在這裡棲息生存的，在天上飛的鳥類、在水裡的魚、蝦、蟹、土裡的土狗、洞裡的蛇，群山萬樹也都在他筆下各有一席之地……」這些文章是沒有山居生活的人能虛構出來的。

在〈仿製文化〉的篇章中，以美濃傘為例，談到美濃油傘的製造過程是費時又費力，美濃傘製作過程繁複，原料又是特殊，竹子、傘紙、棉線都要挑選，塗料中的天然桐油和柿子水更要依法調製，做出來的紙傘深受人喜歡。因此，鍾鐵民主張為了地方特色的保存，決對不能偷工減料，為了美濃人的商譽，不要有仿製的產品產生，強調一種好的傳統的延續，不能在唯利是圖的競爭中，毀掉自己的商譽，希望台灣人能保存好的傳統。

過去我總把鍾鐵民鎖定為小說家，但讀了他的《山城棲地》與《鄉居手記》散文之後，獨樹一格的散文風格，是對台灣永續經營的擔心，我發現這位小說家對美濃地區與台灣事物有太多的愛，他所書寫的大小事物都與台灣人的生活有密切關

係，寫反對蓋水庫的活動，行文之中表現出一個人無私無我的
展現對社會的關懷，而不去顧及自己的得失發爲實際的行動，
他所寫出來的散文，可以看出人格的高尚，這些生活的感受，
他如實去記錄與書寫，帶給後代很大的省思。這些對家鄉美濃
的關心與見解，以及對台灣社會的一些主張也是令人敬佩。他
的在在努力，喚起美濃人對傳統文化、生態的重視爲目的，期
待他所摯愛的家鄉，永保原來好山好水、淳樸、有人情味的面
貌。

　　這位享譽台灣文壇的客籍作家鍾鐵民，二○一一年八月
二十二日下午不幸病逝家中，享壽七十歲。那時，我正好在八
月十八日出國，到克羅埃西亞去旅行，半個月回國之後，才從
報章中得知他的消息，於是內人立刻打電話去詢問。終於又走
了一位文壇的老友，失去一位爲台灣發聲的優秀作家。

四、斗笠與花布衫下的鍾舜文

　　一九七八年十一月出生於美濃笠山山腳下鍾舜文，是台
灣文學作家鍾理和的孫女，也是鍾鐵民的第三女兒，彰化師大
美術系畢業，受教期間受易映光老師影響，對膠彩這種傳統東
方媒材產生興趣，考入東海大學美術研究所碩士畢業，主修膠
彩。她這樣的自我介紹：「一點直、一點迷糊、一點記性不靈
光，總以螞蟻姑娘的緩慢細膩，在時間的軸上，數著山谷中爬
樹捉迷藏的童年往事、旗尾山下頂著細雨打籃球的青澀歲月；
記著鹿港半線街的夏日午後，以及大肚山紅土坡上關於風的溼
度與人的溫度。於是，在二○○六年初秋，回鄉；然後，靜靜
的凝視、靜靜的將眼中所看、心中所記、腦中所憶的一切逐一
收集。創作多藉由精密的形態描寫，傳達個人與『生活對象』

間的親密感。」

　　二〇〇八年八月在靜宜藝術中心，以「斗笠・洋巾・花布衫」為題舉行第一次個展，東海美術系教授詹前裕在〈人像的記憶看鍾舜文的膠彩畫〉文中有一段話：「……鍾舜文嘗試用細緻而流暢的線條，畫父親與祖母的白髮，表現經歷歲月的皺紋，甚至於用銀箔工整的處理祖母穿的衣衫。於傳統肖像畫不同的地方是鍾舜文喜愛描繪人物背影，獨特的觀察角度，避開了臉孔與眼神，變成一種去個性化的描繪，對父親與祖母的性格做深入的描述，是其記憶中的家人形象的再現。」又說：「……在描寫母親的容顏之後，表現技巧開始轉變，開始捨去細節的暈染，只用線條與平塗的色面造型，在色彩的運用方面，有更主觀的思考與情感的鋪陳。」詹教授很清楚地指出她的繪畫特色。

▼鍾舜文（左）、鍾鐵民（中）、鍾夫人（右）

在這次的展覽中，鍾舜文畫美濃的生活記憶，父親鍾鐵民微駝的背，在舜文的凝視中，變成一種永恆的記憶，她說：「這一切的凝視，源自於父親的背。」小時候到父親生病期間，鍾舜文常為父親捶背，舜文曾經寫過「或許是因為么女的緣故，父親總喜愛叫我替他捶背……雖然不知道能夠替他減少多少酸痛，小小的拳頭起起落落、有一搭沒一搭的落在父親背上，捶著捶著常迷迷糊糊的就這樣睡著。」直到最近看舜文寫懷念父親的文章中，有這樣的一段話：「現在我最想做的一件事，就是幫你捶背吶！漸漸長大，我漸漸地懂了一些事。捶背這個動作，變成了我們之間最好的溝通與默契，也因為這樣，我開始偷偷在你背後看著你，看著你隆起的背、米色的柔軟的汗衫、睡著的側臉，還有白白細細的髮絲。」這是鍾鐵民走後，舜文所寫的一段篇章，多麼的令人感動，寫出父女之間那種無法言喻的深情。

▼鍾理和紀念館

　　這算鍾舜文首次的個展，除了父親的背之外、祖母與父親的白髮、母親帶著斗笠微笑的臉、躺著聽電話的親人、美濃那些伯伯、叔叔的臉、雙雙勞累的手腳、東海紅土上的師長與友人，都入了舜文的畫作中，對於舜文或許只是他對自己記憶的呈現，但已經畫出了美濃地區的生活臉譜。到了二〇〇九年舜文又在中壢新生活藝術館展出「花布衫」個展，彰化縣文化局也推出「斗笠與花布」個展，這樣的展覽，舜文一位研究所的同學說：「……一切與生活中的人息息相關，不論是作畫的角度、選取的物件、一縷祖母的髮絲細細的勾勒、花布衫所重複復重複的圖樣、菸農身上戴著的斗笠，每一個重複的動作都蘊藏著無盡的耐心和愛。形式上有著苦行僧的修行成分，一個放大了局部的『花布衫』，是對祖母的愛；一雙貼著撒隆巴斯的母親的腳，也有著對忙於農作的母親的疼惜；紅土上的同學，則被凝結在臉部特寫的瞬間，是對於未來有著憧憬的年輕人群相。但這樣的展覽，並不純然是創作者私領域的記錄和自語，觀者藉由這些作品微小的、自身的角度與描繪，仍然可以從中深刻體會到關於親情、友情、土地的共相關懷，並得到很大程度的共鳴。」這是多麼仔細的觀察，讓我們更深入了解了舜文的作品。

　　這一年舜文由台北：夏日出版了著作《那年，菸田裡》，同時在，高雄誠品大立精品店、新竹智邦藝術走廊舉辦了「那年，菸田裡」攝影個展，可算是舜文在藝術上豐收的季節。

　　鍾舜文研究所畢業後，本想到日本深造，後來雖然沒成行而回到故鄉美濃，努力去感受家人的愛，觀察鄉親的生活而用攝影機與畫筆去記錄鄉情，還到實踐大學去兼課，進而把她對故鄉的感受，寫成這本《那年，菸田裡》，被張良澤教授稱之為「美濃奇葩」。

　　鍾理和文教基金會董事長也是詩人的曾貴海，在此書的導讀〈即將成爲追憶的勞動風景〉一文中，談了許多人類與菸草的故事，雖說菸草有害健康，但是卻能爲成爲人類的嗜好物。有人喜歡用菸草提神醒腦、增強精神、排除不安的情緒，西方國家兩位國王得罪了菸草，卻得不到善終，這些事情眞是一般人料想不到的事情。文章中曾貴海說：「舜文運用影像及文字，記錄菸草中的每一個環節，也記錄下可能是末代菸農的農民，那些影像和文字令人珍惜，它們即將成爲歷史的記憶，故事或傳說……當時間拉長，那些記憶將在舜文的文本中，作爲對抗時間鄉愁的見證，成爲重建美濃文化的種子。」又說：「這是美濃新一代作家另一種書寫家鄉和客家歷史的手法，也替美濃留下寶貴的文本見證。」這個文學家族還有鐵民的鐵鈞也從事文學創作，鐵民的二女兒鍾怡彥走入文學研究的領域，現在還在文學的博士班研讀，家族許多成員都走上文學的不歸路。

五、笠山下的台灣文學步道

　　「文學步道」顧名思義是一條屬於文學的路，可供人步行、冥想的小道，在一個終身奉獻給文學的作家家園，設置這樣的步道，讓人們能接近文學、思考文學、創作文學。被命名爲「台灣文學步道」就必須與土地與人民息息相關的作品，代表台灣人民的思想與感情。

　　一九九六年秋天，當時的高雄縣長余政憲採納詩人曾貴海的構想，邀請以高雄地區的作家爲主，組成「台灣文學步道」園區的工作小組，成員包括陳千武、葉石濤、鍾鐵民、鄭烱明、吳錦發、彭瑞金等人，共同商議全國第一座台灣文學步

道園區，地點就選擇美濃作家鍾理和紀念館的所在地，讓來參觀鍾理和紀念館的朋友，走入步道感受台灣文學作家的心靈律動，傾聽文學家的喜、怒、哀、樂的情緒，進而了解這塊土地上子民的生活脈動。

被選入「台灣文學步道」的作家有三十五位，這些先賢當然是由籌備委員推舉出來的。在長長的台灣文學史中，只選三十五位該是一種拋磚引玉的想法，從沈光文、郁永河、吳濁流、鍾理和、張文環……到林亨泰、陳金連、文心的世代為止。三十五位中有賴和、追風、王白淵、楊守愚、翁鬧、陳虛谷六位彰化人，我們在一九九九年設置「八卦山文學步道」時，也被選入其中，可見這三十五位在台灣文學史上都有其重要的地位。

步道作家的作品選句也是呈現出時代的面貌與作家的生活感受，鍾理和被選進的詞句，是摘自一九五七年五月七日的《鍾理和日記》寫著：「鐘擺是永遠沒有停止的，因為更合理、更安全和更舒適的生活總是在現在的後邊。人類靈魂便這樣追求下去。」寫出鍾理和追求理想的心思，流露出作家的生活感受。

而鍾肇政被選出的詞句是《台灣文學兩鍾書‧第五十六函，鍾肇政致鍾理和函》寫著：「我們未始不可徹底做一個弱者，探索弱者的世界，追求弱者的人生真相，一樣可以不朽。」這短短的句子，充滿著友情的關懷，帶給弱者無限的力量，從兩鍾的書信中，我們看到台灣人在悲苦的生活中，彼此之間的相互慰藉與關懷。

王昶雄的詞句選自他的歌詞《阮若打開心內門窗》中的：「阮若打開心內門，就會看見五彩的春光，阮若打開心內窗，就會看見心愛彼個人」，這首歌幾乎是台灣人很多人熟悉

的歌,讀出來更令人感到親切。葉石濤的《沒有土地,哪來文學》的詞句寫著:「這塊豐沃的土地養育了我們……同時將永遠提供我們子孫以生活之糧及青翠欲滴的生活空間。」如果有充分的時間,走在台灣文學步道上,細細去品味著這些作家們創作的佳句,這些字詞幾乎是作家的文學精髓,雖然只是片言隻語,連結在一起可看到時代的面貌。

在文學步道的入口處,設置有鍾理和的雕像,在設置緣起中余政憲縣長寫著:「鍾理和在台灣文學史上是非常重要的前輩作家,他一生從事文學創作時的嚴肅態度、嘔心瀝血的精神以及他留給我們的感人作品,都足以做為台灣文學的典範……我們特選擇在鍾理和生活寫作的家鄉美濃,參照先進國家對文化藝術創作者表示尊重的作法,請名雕塑家何恆雄教授設計雕刻,在鍾理和紀念館側面,豎立鍾理和雕像,以推崇鍾理和的文學成就,周圍並設置成台灣文學步道園區,表達地區民眾對本地文學家的尊敬之意。」園中除了三十五座詩句紀念石外,又請楊國君塑造在庭園中「傳承」的作品,表現出文人氣節及代代傳承之意象。

來到美濃一定要參觀鍾理和紀念館,走走笠山下的台灣文學步道,吟唱著這些佳句。記得好友鍾鐵民曾經說美濃是一個非常純樸的客家莊,自古美濃人生活艱苦,養成刻苦耐勞的習性,每個家庭都勤勞耕種,拼命墾植家園,很少去參與其它事務,加上客家人講究實際,不太重視精神層面的文學或藝術,因此美濃人當然也不會去認識像鍾理和這樣的窮作家,如果有機會來到美濃,來認識一下鍾理和與文學步道的作家,或許就會對台灣文學產生興趣,進而走進台灣的文學天地,知道台灣的歷史與人民的聲音。

第五章　音樂家的高雄旋律

唐山過台灣，渡過黑水溝，
走揣安心立命的所在，來到打狗城，
他鄉變故鄉，滄海變桑田，
日出日落在流汗，打拼心內歡喜向望，
感謝真濟人在關心咱台灣，疼痛天賜咱的土地，
遮有山、有海、有河、有港、充滿了新生命，
一步一步甘願付出，成就一個偉大的城市，
大城入港，帶來希望，遮是美麗的高雄。

——鄭智仁〈美麗的高雄〉

鄭智仁《紅面鴨公》

一、與音樂家鄭智仁的因緣

　　一九九五年至一九九六年整整兩年的期間，我在彰化賴和紀念館擔任館長期間，認識住二水的鄉親鄭智仁，當年適逢台灣新文學之父賴和醫生的百年冥誕紀念日，鄭智仁與他父親鄭瑞堂爲賴和醫生寫一首〈走街仔仙〉歌詞，並由鄭智仁譜曲，歌詞寫著：「走街仔仙，走街仔仙，替人看病走代先，街頭巷尾走無停，透風落雨伊做前。走街仔仙，走街仔仙，疼痛咱的賴和仙。／／走街仔仙，走街仔仙，菩薩心情做醫生；勇氣像山無得比，導咱行過黑暗暝。走街仔仙，走街仔仙，咱敬愛的賴和仙。」這首歌在賴和百年冥誕紀念日演唱，振奮聽眾的心情，後來這首歌與蕭泰然爲賴和的詩〈呆囝仔〉譜的曲，都收錄在康原編的《種子落地三》台語詩歌集，由財團法人賴和文教基金會出版。

　　一九九五年認識鄭智仁時，是他來參加賴和「鬥鬧熱」

紀念日，記得當天他來唱歌時，還背著小孩，紀念會後到我家時，小孩吃完牛奶後，他忘了把奶瓶帶回去，就匆匆忙忙趕回二水的故鄉，回去看他的雙親。那個奶瓶放在我家很長的一段時間，後來才知道他的夫人，是一位醫師，常常忙到沒有時間照顧小孩，鄭智仁就必須父兼母職。一九五一年生於二水鄉下的鄭智仁，祖父鄭鼎也是醫師，與賴和同是台北醫學校畢業，父親鄭瑞堂也是醫生，而鄭智仁畢業於台中的中山醫專（現在的中山醫學大學），兩度獲得傑出校友，專門研究細胞學、放射線學、生殖醫學專家。著有《臨床體外授精與胚胎遺植》（一九八七）、《男性不孕症學》（一九八八）等，並獲多項醫學發明專利。

我們相識約十五年了，較少互動，但我都注意到他的台語歌謠的創作與活動，有機會就會去聽他的發表會。有關他的作品，常常是透過媒體的介紹，得到一些印象，在一九八八年《台語世界雜誌》總編輯評價：「伊所寫的歌詞，親像就是咱

▼鄭智仁演奏音樂會

生活中的語言那麼平易近人，伊所譜的音樂旋律予人感覺親像流在身體內血脈的節奏；若是閤聽伊的演唱詮釋，那種心靈般的呼吸，深深讓人感動。相信這種優美的歌謠風格，將是台灣社會心靈改革的一股清新力量，因為伊的創作佇自然當中和普羅大眾結合做伙，而且猶閤蘊藏著文化以及濃厚的人文氣味；相信，鄭智仁歌謠風的形成，未來是咱可以期待的。」這是十一年前，評論家對他及作品的評價，如今十多年過去了，由彰化移居高雄的鄭智仁，為高雄、為台灣、為土地、為人民寫些什麼歌？開過多少演唱會？得到了一些什麼迴響？這篇文章主要談一個藝術家的創作與土地、人民的關係。

▼訪談鄭智仁

二、由「台灣囡仔歌」到「台灣歌曲」

一九九一年鄭智仁結婚生子後，感到台灣的小孩對自己的母語漸漸生疏，在學校只學華語，回到家後許多父母也都與小孩講華語，生活的語言漸漸由華語取代了。於是為了傳承自己對台灣的愛，他開始用台語寫歌。第一首台語歌〈月娘光光〉（台灣之愛）是寫於二水故鄉的中秋夜，當時他初為人父，小孩才九個月大，好不容易哄他入睡，卻被炮聲驚醒，於是這首歌是為自己的長子所寫的歌，第一首創作的台語歌就榮獲一九九五年寶麗金唱片公司台語創作歌曲金獎。給鄭智仁帶來了信心，從此走上台語歌曲創作之路。

在那個年代，我也已經在為施福珍老師的囡仔歌寫故事，施老師的歌詞有兩種形態，一種用傳統唸謠來譜曲，一種是創作歌詞，傳統的唸謠本身蘊含著農業社會的人民生活，有歷史的、民俗的、生態的等內容，詮釋歌詞時其實在談台灣人的生活情境，算是一種文化的傳承，創作歌曲就談創作動機，與歌曲發生的故事，寫完後在報刊、雜誌發表，隨後就在「自立晚報」出版社出版兩本《台灣囡仔歌的故事一、二》，深深的體會到用歌謠傳承語言、文化是很好的方法，因此我也注意書寫台語歌的一些作者。出生在醫生世家的鄭智仁，他的創作也持續不斷在進行。有一首〈阿爸的風吹〉，這首歌是回顧年少時的親情與師恩，由父親教他做風吹，寫到用風吹來比喻人生，而這比喻據說是小學老師在上課之中的教誨，懂得感恩的鄭智仁，利用學生的畢業典禮唱這首歌，告訴學生人生如風吹，不一定能永遠住在故鄉，有時因工作、事業常常漂泊的他鄉，但絕對不能忘本：「不當忘記線的起頭彼雙手」，因此故鄉有血緣的牽繫，有年輕時的夢魘。台諺云：「食果子愛拜樹頭。」

飲水思源要知道感恩，而他用台語寫歌也暗喻著不能忘掉自己母語，記得一九三○年出生高雄縣鳥松鄉的黃石輝曾說：「你是台灣人，你頭戴台灣天，腳踏台灣地，眼睛所看到的是台灣的狀況，耳朵所聽到的是台灣的消息，時間所歷的是台灣的經驗，嘴裡所的是台灣的語言：所以你那枝如椽的健筆，生花的彩筆，亦應當去寫台灣的文學了……我們為什麼不用台灣話做文？不用台灣話做詩？不用台灣話做歌曲呢？」這段話想必也在鄭智仁的心中生根了。

　　如今移居高雄的鄭智仁，已經把他鄉變故鄉，但永遠不會忘記出生的故鄉二水，我們常說：「月到中秋分外明，每逢佳節必思親」。鄭智仁以故鄉的月亮去象徵母親，用想母親去表現對故鄉的懷念，寫了〈二水的月娘〉，這首歌從感恩與懷念的角度，去書寫對故鄉與親人的懷念，都是自創的詞與曲，小孩、大人均可以唱，那黏稠感恩、思念的情懷，打動了人類的心，在音樂會上都引起很大的共鳴。月亮的意象是一種思親，又是女性的象徵，那種「床前明月光，疑是地上霜」的鄉情，交雜著思念母親的情懷。鄭智仁還也為一位幼教老師尤慧美譜了一個專輯《紅面鴨公》，列入「台灣之愛」系列作品（第三集），有一首〈變天〉寫著：

　　「天頂的白雲真搞怪，伸手掠天公的肚臍，天公伯愛笑擋末條，轟哈哈，轟哈哈，一時煞來烏雲搭日，烏雲搭日，天黑地暗，天黑地暗，雷公勢那，雷公勢那，轟哈哈，轟哈哈，白雲才來一個就驚，走甲無看半ㄟ影。」

　　這首歌保存了許多台灣語彙，如「肚臍」、「擋末條」、「煞來」、「烏雲搭日」、「天黑地暗」、「雷公勢那」等，可以給孩子道地的台灣詞彙。又能將大雨前的白雲、天空變化擬人化說明氣象，以囝仔歌方式呈現出來，既趣味又富有教育

內涵。鄭智仁說：「兒歌歌詞是教育的延伸，除教導下一代知識外，也要讓他們知道，在成長過程中，要學習分享和感恩，以歡喜心迎向健康有夢的未來。」又以天氣的變化來說明人生的無常，富有深刻的想像力。又如這首〈田蛙〉的描寫：「田蛙仔，田蛙仔，落下頦／大頭大面，膨鰓鰓／嘴舌長長掠蚊虫／目睭突突，真搖擺。」這首歌是一種小動物的形像描寫，一般是透過歌曲來教育孩子認識青蛙，其實音樂家施福珍也寫〈田蛤仔〉：「一隻田蛤仔嘴闊闊／目睭凸凸腹肚大／三更半暝唰唸歌／呱呱呱」或「水蛙仔子呱呱呱／伊出世嘛是肚大大／田園底起厝滯」。這種歌也是對青蛙的形象描寫，也可聽到青蛙的叫聲，也能知道青蛙的習性。兒童喜歡聽故事與歌謠，用唱歌與說故事的方法從事兒童教育，最能達到教育的效果。

　　鄭智仁的歌曲創作中，常把母親的意象與台灣這塊土地做連結，唱出對台灣的愛，像〈福爾摩莎頌〉就是這樣的類型：「（一）FOR-MOSA 咱的夢咱的愛／親像阿母叫阮的名／搖啊搖啊搖惜啊惜／永遠抱著美麗的夢。」（二）FOR-MOSA 咱的夢咱的愛／有咱祖先流過的汗／搖啊搖啊搖惜啊惜永遠抱著美麗的夢（三）FOR-MOSA 咱的夢咱的愛／無怨無悔來期待／搖啊搖啊搖惜啊惜／永遠抱著美麗的夢這首作品以母親、先民、土地為架構，以母親哺育孩子的心情，來吟唱出對台灣的愛，把對母親的崇愛轉化對台灣的愛，唱這首歌時會令人感到：母親、我與土地是不能分割，是一種血緣的連繫「永遠抱著美麗的夢」，這有人說「有夢尚　，希望相隨」，對台灣有太多的夢、也是一種充滿著希望的象徵。據林時雨統計，這首歌是島內民主電台選播率最高的一首歌，因此，歌聲傳過台灣的每個角落，充滿著土地文學的感動，有親情、有大愛，對咱台灣這塊孕育他成長的土地，也有很深的疼惜和期待。歌詞如

生活中的語言的淺白，鄭智仁低沉又有磁性的歌聲，像一陣陣生動的風，把旋律與節奏吹流入耳朵的瞬間，心靈總會有深深的感動。

濁水溪是台灣最長的河川，彰化縣因開八堡圳，引濁水溪的水來灌溉，使彰化成為「台灣米倉」，出生在二水的鄭智仁，出生於八堡圳源頭，從小是吃八堡圳灌溉的米長大。每年彰化縣會舉辦「台灣跑水節──八堡圳傳奇」，來紀念開圳的先賢，以及那個不求回報，而協助指導開圳的林先生。跑水祭典活動象徵敬天謝地及感懷先人德澤，那種開發土地而不輕易放棄的毅力，是「台灣精神」的表徵。

二○○八年十一月九日，鄭智仁應彰化縣文化局之邀，從高雄回到彰化，在員林演藝廳辦了「濁水溪傳奇──八堡圳三百周年紀念音樂會」，用歌聲來回饋土地，下午三點的那場音樂會，有一首〈圳頭祭神〉，這首曲子敬拜天地，謝神、謝祖先，是台灣民間祭典的重要儀式。透過虔誠莊嚴的祭拜水神，內面有祖先的血汗。

然後就是〈跑水祭〉唱出一種引水跑水的儀式，傳說古代新的圳渠完工後，要開閘門通水時會請人在水道前頭跑，稱「跑引水」，這是為祈求上天保祐，順利引水灌溉農田的祭典儀式。在傳統唸謠中，也有一首〈祈雨歌〉這樣唱著：「天公啊！天公啊！請汝緊落雨／稻田無水通好播／熱甲親像火燒埔／／天公啊！天公啊！請汝來落雨。」這是向上天祈雨的歌。

在鄭智仁的作品中，也有一首〈求雨歌〉寫著：「天公伯仔／請汝看／溪水已經乾／阮欲甲汝拜託／落一陣西北雨／雨啊雨啊／請汝落／溪水已經乾／阮欲甲汝拜託／落一下咁毋好」，我們知道台灣的夏、秋兩季雨水豐沛，但我們的河川因地勢的關係，河水總是急速的流入海洋，致使我們的冬季水量

不足，乾旱的農田總是「看天吃飯」，沒有雨就不能耕種。在古時就會祈求上蒼保庇，請天公賜雨，於是拜天公祈求「風調雨順，國泰民安」。鄭智仁的這首歌曲，有一種對神的虔誠與尊重，但在旋律上是輕鬆的，活潑的風格，可使孩子的純眞與神明之間沒有距離，常人說：「敬神如神在」，或說：「心誠則靈」，信仰能使脆弱的人產生一股無形的力量，歌聲可以增強人類的信心。

三、歌頌美麗的高雄

二○○九年開始，鄭智仁爲第二故鄉高雄寫的歌，每年會以「美麗的高雄」爲主題做演出，用音樂會來回饋社會，甚至於在音樂會上來募款，幫助社會上的弱勢團體，關懷身心障礙者、失智老人（阿茲海默氏症），至於爲什麼要用「美麗的高雄爲題」來辦演唱會呢？鄭智仁在演出者的話說：「……四十

歲結婚生子後,為了傳承對台灣這塊土地的,一頭栽進歌謠寫作……從一九七九到二○○九年,在高雄生活了三十年頭。」一個人在一個地方生活三十年,我們常說「三十而立」,這三十年一個關心土地與人民的音樂家,對高雄這塊地方也滋生感情出濃厚的感情了,而情動於衷而形於歌,是一種自然的現象吧!

鄭智仁又說:「近十年,高雄變漂亮了,無論硬體或軟體的進步,我們都感覺到。不變的是從以前到現在,凡是官方舉辦的活動,都肯花大錢請遠來的和尚來唸經,這難道說外國的月亮比較圓嗎?筆者想,也不全這樣的,主事者好大喜功、撿便宜的心態,誤導了人民──『一流的都不在台灣這塊土地上』這種錯誤的觀念。身為一個從事藝術文化創作者、工作者來說,在這麼崎嶇的環境下求生存,一定就很辛苦了,哪怕是要求發展?回首過往,很多辛酸,但是很欣慰『我存活下來了』,看見撒出去的種子在萌芽,那不是魔棒一揮燦爛的神話,而是汗水陪著的一步一腳印。」這一段告白,顯示出在台灣推動台語歌曲的困難,是台灣人的崇洋?還是政府有意誘導人民輕視自己的文化?或教育課程中認識台灣的太少?使一些本土藝術家的作品,得不到該有的尊重,甚至於輕視台灣。

在鄭智仁這首〈美麗的高雄〉歌曲:

> 唐山過台灣,渡過黑水溝,
> 走揣安心立命的所在,來到打狗城,
> 他鄉變故鄉,滄海變桑田,
> 日出日落在流汗,打拼心內歡喜向望,
> 感謝真濟人在關心咱台灣,疼痛天賜咱的土地,
> 遮有山、有海、有河、有港、充滿了新生命,

一步一步甘願付出，成就一個偉大的城市，

大城入港，帶來希望，遮是美麗的高雄。

　　寫的是先民早期來到高雄時，努力的開墾，使荒野變成良田，這些早期的移民認同了這個地方，因為這裡有美麗的山崗、廣闊的海洋、世界出名的自然港口、水力充沛的河川，使住在這個地方的人充滿著希望，因此，三十年前來到高雄，變成了他的第二故鄉。除了自己寫歌吟唱之外，也找到許多樂團、合唱團共同參與來歌頌美麗的高雄。

　　數百年來，在高雄港出海口的聚落中，荷蘭時期的旗津，是高雄的門戶，在清朝時期，哈馬星是最繁華的地區，日治時期大港埔成為高雄的重心，我們現在所留下來的古蹟，像旗後的砲台「威震南天」與鼓山區的「雄鎮北門」的砲台，都是在一八七五年建置的，今「雄鎮北門」的砲台雖已無砲，海防功能已退，但在周邊景觀的改造下，已與哨船頭公園與西子灣連成一氣，成為欣賞高雄的港口海景的最佳去處。

　　二〇一一年九月十日的晚上，我與畫家施並錫、前文獻館館長劉峰松、員林高中校長呂培川，應高雄渡輪公司的邀請，乘坐「海鵬二號」的輪船，在月光下聽船上的音樂會，欣賞著約十八公里長的高雄港，港中有各國的輪船，船公司還請專人做導覽，我才知道這個世界出名的高雄港，是一個優良的天然港口，高雄人應以擁有此港為傲。近年來民進黨執政後，做了整治愛河、高雄捷運系統、火車站的浴火重生、城市光廊的設置，在城市美學上做了許多的努力，緊接了陳菊接任市長之後，大高雄市更突飛猛進的飛躍，不管是硬體或軟體都做了許多大手筆的改造或建設，使高雄又更向前邁進。

　　第一次以「美麗的高雄」為名，開的「鄭智仁作品發表

慈善音樂會」，在高雄福爾摩沙合唱團的主辦下，高雄市政府文化局、教育局也共同參與，來共襄盛舉演出的團體有：高雄醫學大學管樂社、弦樂社、合唱團、台南頌音合唱團、屏東雅歌合唱團。協助的團體有：台中保眼科、台北春風眼科、高雄柏仁醫院、愛智圖書、巨孚實業、高興昌鋼鐵、高雄市北區兒童發展中心、財團法人聚合文化藝術基金會等。

　　這首〈美麗的高雄〉：「唐山過台灣，渡過黑水溝，走揣安心立命的所在，來到打狗城，他鄉變故鄉，滄海變桑田，日出日落在流汗，打拼心內歡喜向望，感謝真濟人在關心咱台灣，疼痛天賜咱的土地，遮有山、有海、有河、有港、充滿了新生命，一步一步甘願付出，成就一個偉大的城市，大城入港，帶來希望，遮是美麗的高雄。」是鄭智仁遷居高雄三十年，見證高雄的變成美麗城市，最好的證詞，他以感恩與愛戀寫出對土地的愛，用歌獻給高雄。

　　鄭智仁定居高雄以來，以悲天憫人的胸懷積極推展音樂與文化藝術、社會公益結合，這也是一次慈善音樂會，在高雄文化中心至德堂登場，也邀請一些殘障的友人共同演出，有「濁水溪二重唱」的謝昀倫，他是一位全盲視障者，擔任鋼琴

與男中音聲部的演出，另一位男高音黃郁文，也是一位視障者，為嘉義縣旅北同鄉會「鄉音合唱團」的團員。而此次的門票收入，全數捐給六個身心障礙團體。這些歌曲的文詞優美，鄭智仁傳唱的歌聲深沉又動聽，流入每一位聽眾的心靈裡，這位深具本土意識與人文關懷的音樂家，曾在二○○○年獲選關懷台灣基金會奉獻獎。

這場音樂會分為上下場，前半場由各個合唱團輪流演唱鄭智仁的歌曲。這些旋律明確的歌，用合唱的藝術來詮釋，多了和聲的豐富，若是鄭智仁渾厚、略沙啞的底韻，融著愛與溫柔也會相當感人。下半場除了合唱團外，還有高醫管弦樂團伴奏。〈濁水溪傳奇〉組曲，前幾段是鄭智仁領唱，加上合唱團和聲。當〈圳頭祭神〉，當鄭智仁醫生的聲音「天頂的神呀／請汝保庇／這塊土地／風調雨順……」一出來，那種對土地真誠的愛，就在歌聲中有了深刻的感動了。

第二次「美麗的高雄」演出是為早期療育孩子而唱，我們知道一個家庭對新生命兒童的到來，總是充滿著期待與欣喜，但若新生命降臨時，身心障礙時，會帶給這個家庭的無限的衝擊，因此，鄭智仁在這次演出前說：「……身心障礙的兒童是社會中弱勢的一群，而打從他們出生的那一刻起，各種有形無形的壓力和衝擊就不斷考驗他的家庭，如何給予適當的安置及福利服務外，協助及支持家長了解並接受孩子，使家庭有能力提供身心障礙的孩子更好的發展機會，透過社會資源、福利服務及相關的支持團體，這時就必須你我來付出愛與關懷……」這樣一段語重心長的呼籲，可以看到鄭智仁對弱勢的關懷。

這場音樂會於二○一○年十二月十二日下午，在高雄文化中心至善廳舉行，這次演出了十九首曲目，其中的〈台灣百合〉，透過這種花的素雅、清香去歌頌台灣女人高尚，以及其

旺盛的生命力，象徵台灣女人堅忍不拔的精神。台灣百合在原住民的族群被奉為「族花」，有崇高的地位。這首歌曾在二〇〇三年二月，代表台灣參加在巴拿馬為慶祝建國一百週年，所舉辦的世界歌謠大賽，入圍為世界優美的民族歌曲。鄭智仁以虔誠的心，將此歌獻給所有疼惜這塊土地的每一位台灣母親。

在台灣民主運動史上，「百合花」曾被引用為一次「野百合學運」的象徵，是台灣重要的學生運動。野百合學運由台大學生發起，在抗議萬年國代濫權弄法、圖謀私利，短時間吸引了來自台灣各地的大學生，投入這場影響台灣政治發展的關鍵運動。參加靜坐的學生提出：解散國民大會、廢除臨時條款、召開國是會議與政經改革時間表等四大訴求。

民主是促成社會進步的原動力，這群參加野百合學運的學生，發揮堅持憲政體制與追求民主自由的勇氣，挑戰中國國民黨政權以一群沒有民意基礎的萬年國代，維持獨裁統治與動員戡亂憲政體制的正當性。野百合學運，來自於中國國民黨違反民主憲政原理、沒有正當性的非法統治。在台灣人民的支持配合之下，迫使中國國民黨不得不呼應人民的要求，推動國會全面改選以及後續一連串政治民主化與本土化的改革。這首〈台灣百合〉雖然歌頌台灣女性，但在吟唱時總會令人想到台灣純潔的學生，為了土地與人民做出的奉獻。

另外一首〈天總是攏會光〉本是用來安慰一些陷入絕境的人，如置身黑暗中，但黑夜總是會過去的，其中有一段「……伊常說相信暝是抹外長／雷公風雨的暝以後／看見番薯落地生根／伊常常相信天總是會光／總是會光……」這首歌本是安慰悲情的人，引導人走出黑暗。在一九九九年九二一大地震後，這首歌被電視媒體使用做為賑災配樂，卻變成了震災的主題

曲，撫慰了許多災民的心，在這場音樂會中，特別又唱著這首曲子，又引起許多人的感傷。

　　二○一一年「美麗的高雄」音樂會，是為了失智症（阿茲海默氏症）而唱，本次音樂會特別與七十七個國家配合國際失智症月活動，並發表一首關懷失智症而寫的〈忘川〉，而這首歌創作靈感依鄭智仁說：「〈忘川〉歌詞意象，取自於白明奇的醫師的《失智症船歌》一書上做為關懷失智症的引言。」因此，鄭智仁特別以〈忘川〉一曲獻給獻身在這塊土地上無私奉獻的醫療、社工、支持團體伙伴與病患家庭。那天去訪問鄭智仁時，他告訴我說：「今年開完演唱會時，竟然因身體的體力透支而倒地，被送往醫院急診。」又說：「準備音樂會的過程是勞心勞力，一種深耕、推動台灣原創音樂的主體性思維，一種傳播台灣歌謠人文精神內涵的使命感，支持著我往前走。」這是多麼令人感動的精神，相信為了音樂、為了台灣他一定會繼續堅持下去，為土地與人民而唱。

　　近十年來鄭智仁每次的音樂演唱會，都有明顯的主題，二○○六年以「教育有愛」為題，從事本土精神的教育，用〈走街仔仙〉傳播賴和為公理、正義的礦溪精神，更與國立新竹教育大學曾憲政校長用二重唱的方式，唱兒童的歌，並為高雄的幼教、國教舉辦鄉土教育工作坊，為從事兒童音樂的老師上課，並自己也寫了〈感謝你的愛〉、〈我有一個夢〉等兒童歌曲。

　　鄭智仁說：「有一年，應邀到高雄市少年法院上課，看到鍾宗霖法官寫給這些少年父母的信，標題為〈屋角風鈴〉：『……如果孩子是風鈴，那麼他們就像是掛在屋角的風鈴，風吹不到，他們就被疏忽了，被遺忘了，他們沈默不言……』」於是他感動了就寫了〈溫柔的風吹響了風鈴〉這首曲子，他希

望這些孩子像風鈴，而父母親的愛就像一陣陣清風，帶給風鈴一陣陣的愛。同時他也感受的法院中的執法人員，有許多充滿人性的關懷，他也以此曲獻給這些人員，希望這些風充滿著陣陣的關懷。二○○六年的音樂會，就以〈溫柔的風吹響了風鈴〉為題，並期待社會上的人能成為一陣陣的風，讓悅耳的鈴聲在高雄到處響起，並吹遍台灣、吹向世界，把愛歌聲傳入人

類的心靈中。

　　二○○七年的音樂會，以「愛得不得了」為題，來紀念盧修一先生，盧先生從小就在母親含莘如苦的教養下度日，看到母親的辛勞，立志要給母親好的日子過，不讓母親失望，是一個孝順的孩子。長大後又為台灣的民主、自由來犧牲奉獻，為人至情至性，無論為人、處世、從政、都誠摯無私，是一位有理想與實踐能力的堅持學者，一生清清白白又發光發熱，將是台灣人的典範，生生代代追求台灣尊嚴的台灣人的楷模。

　　這次的演出，鄭智仁與多位音樂家都為盧修一的詩詞譜曲，蕭泰然為〈白鷺鷥〉、〈鈴蘭〉、〈心靈的禱告〉、〈寂夜〉譜曲，郭芝苑譜那首〈藍色的夢〉，黃新財譜〈白鷺鷥之歌〉，鄭智仁譜了〈蘆葦與劍〉、〈藍色的夢〉、〈妳是我今生的新娘〉、〈愛得不得了〉、〈（天頂的）白鷺鷥〉五首，屬於〈白鷺鷥〉的歌，三位音樂家譜出不同的曲調，盧修一的〈白鷺鷥〉寫著：「飛翔於清淨的天空／成雙做對比翼連行／越過青翠的山嶺／俯視肥沃的田野／在屬於自己的天地／自由自在／為了自己的幸福／不斷的尋覓／不斷的相提攜／啊─白鷺鷥──」這首詩是盧修一自喻為白鷺鷥，自由自在的飛翔，他把此詩獻給了愛妻──陳郁秀。

　　鄭智仁說：「二○○一年五月，時任職文建會主委的陳郁秀教授來電，徵詢是否可為盧修一的詩譜曲？在細讀文建會寄來的資料後，為盧修一譜下了〈愛得不得了〉、〈白鷺鷥〉兩首詩作，並發表在『盧修一逝世三週年紀念會』發表，之後又譜了〈蘆葦與劍〉、〈藍色的夢〉、〈妳是我今生的新娘〉等。」這些曲子以不相同的曲風去表現，每一首作品都令人對盧修一產生不捨與懷念之情。

　　一生都為台灣創作歌曲的音樂家鄭智仁，還有一些不同

主題的音樂會，比如：為九二一大地震、父親節音樂會、關懷海洋性貧血兒童演唱會、關懷生態之旅演唱會、對抗 SARS 紀念音樂會、為台灣人權促進會等慈善音樂會，還特別為澎湖縣寫〈澎湖頌〉：「……阮是海風吹大漢的澎湖人／阮兜是海洋的故鄉／澎湖的風／有咱共款的寄望／天星伴阮大漢」，鄭智仁用這首歌曲獻給「曾在澎湖開天闢地的先民、現在澎湖認真生活的朋友、吹著海風長大的澎湖孩子」，這是多麼的真誠與感人的語言。

或許鄭智仁本是一位醫學研究者，並專長男性生殖研究，因此以男性生殖器寫一首〈生命之歌〉：

PhaLanPhaLan

PhaLanPhaLanPhaLanPha

LanPhaLanPhaLanPhaLan

LanPha 是一個好所在福氣通人知

毋驚寒毋驚熱毋驚風雨大

LanPha 是一個好所在勇氣通人知

男子漢無所礙勇敢做陣行

LanPha 是一個好所在充滿歡喜代

LanPha 是一個好所在予咱人將來。」這是一首書寫生命起源的歌，這首歌開始把台灣俗語「LanPha 毋是 PhaLan」這句話運用下去，音樂節奏相當輕快，表現出男性的健康、豪爽，台語「LanPha」就是「LP」，通常稱「陰囊」是男性的象徵，「有 LanPha」表示有擔當的男子氣慨，這首歌或許是鄭醫師深刻體會到 LanPha 在人間的悲歡憂喜，而創作出來的作品，此曲獲得了相當大的迴響，我們期待這位高雄的音樂家，能寫出一些世界性的偉大作品。

第六章　電影中的高雄地景
——觀《寶島漫波》隨想

一、序說寶島面貌

　　這是一部拆穿人性「虛偽假面」的影片，小孩穿名牌而受綁架，是媽媽愛好虛榮或是愛的表現？綁匪主腦為病妻的高額醫藥費而從事綁架，送金錢給病妻還騙妻子，錢是他的薪資所得，是對家庭的愛嗎？網路貌美的女人是詐騙集團釣魚的高

▼高雄地景

手，美貌的假面隱藏著蛇蠍之毒，詐騙首腦 Toro 利用禪修，書寫詐騙的教戰手冊，詐騙所得還撥部分款項去樂捐做善事，是善的表現嗎？淪為詐騙集團之一的阿光，戲終竟然成為警方破案的有功人員，去接受政府的表揚，但還要繼續去中國行騙，這樣的事不荒唐嗎？

影片反應「飢寒起盜心」與「笑貧不笑娼」的社會現況，只要有錢賺任何行業都去從事，完全失去「取之有道」的古訓。詐騙集團的成員個個智慧高超，在此社會卻無用武之地，選擇昧著良心非法詐騙，這些不知廉恥的歹徒以追求更高深的騙術技巧為成就，這個社會一切的價值觀就是向「錢」看。影片中拾荒老人的處境，是目前很多台灣老人的縮影；生養長大的子女不但沒有奉養父母，還要求老人拿錢出來投資做生意，父母不從就不撫養。

　　影片情節主要彰顯在善惡界線中徘徊掙扎的小人物，為了生活而走向絕路的心路歷程，導演的劇情建構在對人性的諷刺，同時暴露當前台灣社會的黑暗面。這部片子沒有說教，只是讓觀眾自己去感受劇情，從人性的衝突點去做反思，為什麼環境變成這樣？是誰造成的？身為社會的一分子有無責任？以後自己如何自處？

　　以高雄市區地景拍攝的這部電影，我們可以看到市內的地標八五大樓，左營眷區的生活環境，六合夜市的百態生活，柴山上的廟寺風景與高雄港區，原生植物園等場景，在熟悉的高雄地景中，演出目前台灣社會發生的故事，這些劇情故事雖然有些荒謬，《寶島漫波》是一齣荒謬的黑色幽默劇，有人說：「喜劇的最高境界是荒謬；荒謬的最高境界就成了悲劇。」這齣戲中的人物哪個不荒謬？哪個不是悲劇？或許這就是詩人王啟在的表現風格，讓我們慢慢來聊這齣電影帶給我的一些隨想，並欣賞高雄的美麗地景。

二、高雄詩人、導演王啟在

　　二○一一年六月，高雄《掌門》詩社的朋友，看到筆者在《自由時報副刊》發表〈八卦山與台灣文學〉，談到〈八卦山文學步道〉之創設與推展，找了二十多位朋友要來參觀八卦山文學步道，詩人詹義農約我幫他們做一場導覽，為詩人朋友導覽文學步道是一件快樂的事情，可以推展礦溪文學的批判性格與抗議精神，並介紹新文學之父的賴和與其紀念館，詩人朋友有些舊識，有些新面孔，對於了解彰化的文學，都有濃厚的興趣。

　　王啟在是新認識的詩人，曾經出版過《穿著幸福牌彩衣

的蝶》新詩集，也爲「時報文化」翻譯過日本的漫畫「聖堂教父」、「哭泣殺神」等書，是一位多才多藝的年輕詩人，剛完成一部反映現實社會的《寶島漫波》電影，他告訴我說：「七月二十二日要全島上映。」交談之間透露著：這部影片是描述三個傻瓜綁匪，綁架了渾身名牌的小天才喬治，並透過電話勒索他的名媛媽咪三百萬，卻被誤認爲詐騙集團……正港詐騙天王 Toro 卻意外攔截到電波，認爲是天賜奇蹟，真是瞎貓遇到死老鼠，於是搶先以低價三十萬攔截「得標」，一場「瘋」迴路轉的「贖金鬥智接力」於是登場，在故事情節的推展中，運用了人性的衝突，展現了戲中的張力，潛藏在人心的善念與現實生活的取財壓力，使觀眾有哭笑不得的感受。片中展現了台灣民眾時下所面臨光怪陸離的詐騙花招，並拜現代科技之賜，透過收音機、電話、手機、網路、Wi-Fi，甚至光纖電纜、電視等不同路徑，展開了五花八門、匪夷所思的詐騙活動，使寶

▼王啟在導演。

▲《寶島漫波》的角色之一：拾荒老人

島的天空，瞬間瀰漫了各種充滿陷阱的波段。這種切中時弊的
電影是我所期待的片子。

　　七月六日晚上，在台中新時代百貨的秀威影城有試映的
欣賞會，我也應邀參加，在電影院中遇到許多詩人：吳晟、廖
永來、林沈默、詹義農、黃玉蘭、李長青、蔡榮永、謝金色、
洪欣等朋友來共襄盛舉。我看著王啓在導演與一群演員們或
工作人員，爲這場放映會忙碌著，而有一些識與不識的詩友來
爲他打氣，或說來分享他的成就。我突然想起王啓在的一首詩
〈詩人們，正在密謀光復青春〉的詩：

　　記憶有些是很敏感的
　　經不起匆匆一眼靈光一閃
　　二十年瞬間就曝白了
　　那種白隨意撥開髮叢都找得到

而詩句是留在白裡透紅的紅顏
讓同一門派卻各奔不同江湖的
詩人們輕輕地哼起小調
像極了春天踮起腳尖轉個身
一行行的詩句植栽出一列列的瘦竹
風吹來葉子會鼓掌又鼓譟
一波推一波
相識與不相識的
滿山濃蔭地熱鬧起來

　　文學是透過語言文字去反應社會的現實，表現出人類的思想與感情，而電影是透過影像美學，及視聽之娛去呈現社會各種現象，揭露人心的險惡與欲望，而它們的題材都來自人間百態與生命的感受，今天的詩人導演王啓在運用電影去訴說心裡的話，提出對社會的批判，發表新作《寶島漫波》，而以前寫詩的這群詩友就來鼓掌、打氣，很像這首詩中的情境，詩人以詩去懷念過去那段寫詩的日子，而如今各位詩友都走出自己不同行業的路，每一個人卻像「列列的瘦竹」有了不同的成就，而今晚大家聚在一起像一陣風吹來「鼓掌又鼓譟／一波推一波／相識與不相識的／滿山濃蔭地熱鬧起來」，我竟然沈醉在詩境的回憶中，又想起詩人拍電影的表現手法與題材的選擇。

　　我突然想起過去許多台灣電影的取材來自小說，比如說：《看海的日子》、《不歸路》、《沙河悲歌》、《金水嬸》、《一九八五》等都改編自小說，也有來自散文的《父後七日》，而《風中緋櫻》是報導文學的改編，然而，這部《寶島漫波》來自九十三年度《聯合報》的小說首獎的改編。而在編劇的過程中加入了綁票與詐騙集團的故事，為什麼要加入這

兩種故事呢？因為當今的台灣社會，確實有許多詐騙集團，在從事不良勾當來謀財，綁票拿不到錢財時甚至於害命。詩人導演王啟在要大家對「綁票」與「詐騙集團」引起社會議題來討論，希望能夠透過電影來提醒社會大眾注意人間的陷阱，才不致於被騙，同時也為一些為了生存而誤入歧途的綁匪，也來提醒執政當局，當社會貧富差距越來越大，卑微人物在窮途末路時，為了活下去而犯罪，令人情何以堪？這又是誰的過錯？

王啟在導演說：「《寶島漫波》這部片子，是屬於黑色幽默的劇情，因此融入了許多病態或荒誕恐怖素材，能使觀眾在欣賞過程中，透過尖銳、悲觀、灰暗、絕望而感到荒謬，而欣賞過程中的黑色幽默，令人哭笑不得。」他又說：「我想要為這個社會中遭受不公平待遇的人提出控訴。」這種富人道精神的藝術觀點，使這部片子形成一種「悲天憫人」的基調，因此，導演把影片中的情節，建構在人性衝突上，犯罪的歹徒在進行詐騙的過程中，也有良心發現的時候，這也該是此片成功的感動人的因素之一。比如：扮演阿光的屈中恆在第一次行騙時，他要求拾荒老人將錢匯進警方的安全戶頭後，卻難掩善念，又對拾荒老人補了一句：「記得要領一些錢，留在身上用。」而不知被騙的拾荒老人竟還深深的感謝著說：「我知，多謝大人，你真是好人。」而這一句「你真是好人。」讓阿光幾乎崩潰了，只見阿光背轉身後，眼中蓄滿了淚，一路解下員警的制服鈕扣，一路張大口悶吼著，那張扭曲的臉，真讓我感到哭笑不得，這一幕重重的擊入我的心靈。

曾經榮獲金鐘獎「最佳導演獎」的台灣導演王啟在，原來是理工出身的背景，學習機械工程，但因熱愛電影藝術，曾經獨自赴日本從最基本課程開始學習，最後畢業於日本東京千代田工科藝術專校映畫藝術科，主修電影導演。在拍攝過近百

部廣告片、數部電視、電影及記錄電影後，王啓在導演終於以首部劇情長片《寶島漫波》正式向電影歸隊。

　　據說：去年《寶島漫波》初剪版於高雄電影節上放映時，現場一票難求，並贏得觀眾熱烈迴響、佳評如潮；現在則正式進入了二○一一台北電影獎的「百萬首獎」角逐名單。王啓在導演曾說：「一個人書看多了、電影看多了、事情經歷多了，就會有話想說！」人生閱歷豐富的他，對自己生長的環境有許多意見，對生命有更深的體悟，就想發表意見，這次捨去詩的書寫，而以電影《寶島漫波》來述說他的心情，告訴您一個高潮迭起、笑淚交織的感人故事！看完這部片子，或許就會了解「喜劇的最高境界就是荒謬；荒謬的最高境界就成了悲劇。」

三、《寶島漫波》影片中的社會問題

　　一部電影總會探討社會存在的一些問題，或是去敘說愛

▲《寶島漫波》中的綁匪三人組

情故事，像李行拍的《原鄉人》，是以寫實的手法去追述文學家鍾理和的同姓之戀的社會觀感，隱約去探討台灣人的原鄉認同問題，詮釋了鍾理和所寫的這句話：「我不是愛國主義者，但是原鄉人的血，必須流返原鄉，才會停止沸騰！」而這裡所說的原鄉就是指故鄉。在黃春明《看海的日子》是談到妓女白梅，如何在被人輕賤中重生，找回生命中應有的尊嚴。像近年所拍攝的《父後七日》該是探討台灣的喪葬文化的問題，透過一些誇張的手法，引起大眾對社會現象的關注與討論。

《寶島漫波》中在阿忠要死之前，有一句遺言說：「下輩子做豬做狗，就是不要做窮人。」導演安排阿光在阿忠舉槍自盡後，把阿忠企圖緊握的銅板，重新放入他的掌中，表示讓他下輩子不要再當窮人，這段劇情說出了窮人的辛酸，也表達出台灣的民間習俗。對於「窮」這件事情，以前的人常說：「人窮志不短。」甚至於古人還叫我們必須「安貧樂道」，過去很多窮人經過了刻苦耐勞，終於戰勝了貧窮，成為富翁。如

▼《寶島漫波》中的肉票－喬治

果終其一生還無法脫離貧窮，就會自認爲是「時也、命也、運也」，而不去怨天尤人。

　　然而，爲什麼現代人貧窮了，就要去搶劫或詐騙？是不是這個社會有太多的不公不義？是不是資本家剝削了勞工？或是執政者所規範的社會制度對富人有利？而對窮人不利？另外，如果我們仔細的觀察，這個社會有太多做不法勾當的人，擁有巨額的財產，是誰令他們坐大？是貪官污吏縱容嗎？而一些靠勞力賺錢的勞工，沒有辦法養家活口？產生這些人心理上的不平衡？太多值得我們思考的問題。

　　這部電影有一則「禪修」的情節，也是值得社會大眾思考問題，也就是詐騙集團中的 Toro 哥，帶著阿光到廟寺去禪修的過程。Toro 哥與阿光來到元亨寺參加禪修，兩人端端正正的拜殿上靜坐，觀音殿內香煙嬝嬝繚繞著，而持戒尺的師父從背後拍打 Toro 哥與阿光，這是一場荒謬的戲碼，是反諷的象徵。這一拍打令人想到台諺「喙唸經，手摸奶」這句話，也眞是「左手持刀、右手燒香」。道場本是修心養性的地方，但這兩位詐騙集團的成員，到這個地方，竟然是來此撰寫詐騙集團的教戰手冊，思考如何去詐取別人的錢財，這是何等的嘲諷與譏刺。在台灣各種宗教的道場、廟寺、教堂，到處可見，不知道有多少信徒假借修行或宗教的名譽去從事不良的勾當？我們這個社會口是心非的人愈來愈多了，熟讀四書五經、聖經、佛經的人，只是光說不做，說的是一套、做的又是一套，我曾經寫過一首台語詩〈廟寺〉：

　　阮是中台灣
　　尚界大間閣豪華的廟寺
　　惟花花世界中

覺醒適合日時養
心

汝是台中市
尚界嬌的金錢廳
豹虎狼彪貓
暗時陪五色人修
性

在這個社會上，有多少法師拿著戒尺，拍打信徒是爲著每一個信徒「開竅」，但我不了解，挨過戒尺的人，有多少人能從紅塵中「覺醒」？而能從善如流的爲社會的人群服務。我們也會時常在新聞的社會版，讀到一些假借宗教去斂財或騙色的人，甚至於盜取國土去蓋神廟，破壞我們台灣的山林，這樣的宗教家要如何去度化凡人。當然也有一些人，從週一到週五都從事詐、騙、拐、取，而到週日才上教堂，向上帝懺悔祈求赦罪。台灣社會如今有太多假道學之輩，說一套、做一套，或許這就是我們社會的教育出了問題，教出來的人都以「利」爲導向，凡事唯利是圖，在利之前沒有公理與正義。

四、《寶島漫波》中的善、惡思辨

三字經云「人之初，性本善」，但也有先賢主張「人性本惡」的說法，到底世間的人是「性善或性惡」？我們也常聽說：「人心不同各如其面」，這句話說明「人心」是多樣的而變化多端，或許同樣一個人，在不同的時間與環境中，其

「心念」也變化莫測。因此我們若把影片中,那些「綁匪」與「詐騙集團」的歹徒,看成「惡」之類,他們的內心皆「惡」嗎?當他們做完壞事之後,也常會感到後悔與不安,有時還會做出善事,這也是《寶島漫波》電影中,拋給觀眾去思辨的問題。

在這部電影中,扮演拾荒老人的小戽斗,是台灣「國寶級」資深演員,曾經演過《寶島漫波》、《練戀舞》、《戲夢人生》、《搭錯車》、《看海的日子》、《嫁妝一牛車》等影片,對各類喜劇駕輕就熟,據估計至少累積了上千部影視作品,並多次獲金馬、金鐘獎的肯定。他在《寶島漫波》中演一名有錢的拾荒阿伯,飾演這位拾荒老人,從垃圾桶撿到飾演秀莉(喬治之母)要給詐騙集團的贖金,意外阻撓詐騙集團拿取贖金,沒想到阻礙了詐騙集團的取財,卻淪為被詐騙的對象,去詐騙他的人是初次行騙的阿光,騙完了老人後,阿光深受良

▼《寶島漫波》中的禪修情節

心的譴責，又利用晚上送了一包錢回去要給拾荒老人，沒想到綁匪阿忠走頭無路時，逃入拾荒老人的家，目睹阿光又送錢回去的情景，拾荒老人在受到詐騙後去找兒子，卻被兒子指責，內心受到創痛回家後想燒炭自殺，當他燒炭時，燒出躲在他家的綁匪阿忠，受騙破財後想燒炭卻又死不掉，想向阿忠借槍結束自己的生命，阿忠對他說：「留一口氣在就有希望。」拾荒老人卻說：「你年輕才有希望，我老了還會有什麼希望？」悲喜演出令人絕倒、卻又重擊人心，數場戲都讓人印象深刻。從這場戲中，我們看到阿光良心受到譴責時的痛苦樣貌，流露出歹徒善良的人性。王導演善於利用人性的衝突，去展開劇情的推動，這場戲中真的使觀眾在哭笑不得中落淚。

導演在人性的善、惡思辨中，設計了綁匪三人在生活、綁架、取款等過程中，充分的表現出來。三位從事綁架（孔雀、阿忠、阿猴）的人，本來都是平凡的百姓，只因為生活陷入絕境，窮讓他們走頭無路，卻攜手走向綁票的不歸路。然而阿忠要找錢不是為了花天酒地，而是為了醫治他太太的身體病痛，孔雀因為阿忠須要錢而情義相挺去綁架，當喬治（肉票）被三人綁走之後，阿猴卻不忍傷害他，還為他買炸雞，相處時還與他玩遊戲，透露出人性中本質的「善」。導演利用這三個小人物的互動，去演繹出「人性本善」，為惡有時是有難言的苦衷，這三個人的相處之中，激盪出對人性的反思。

影片中另外一組以 Toro（陳以文飾）為首的詐騙集團，這位聰明且邪惡的偽君子，專門設計別人，把拾荒老人的金錢騙走，在廟宇中書寫詐騙手冊，也把童年的玩伴吸收進來當詐騙人員。這樣的匪徒也有善良的一面，比如：將詐騙所得撥一些給慈善機構、阿光的父親住院須要錢他也資助，甚至於被捕時他還掩護阿光成為捕匪的英雄人物，使之成為警察之友，接

受警方的頒獎，這些該也算是歹徒內心也有善良的一面。

　　飾 Toro 的陳以文曾說：「電影迷人的不是明星，而是事件。觀眾感動的是事件的本身，而不是明星。」的確在《寶島漫波》中，有許多會引起人內心感動的事件；比如：孔雀對阿忠說：「不是爲了你，我怎會下海綁票。」透露出孔雀是一位有義氣的朋友。當「盧仔」（詐騙集團的車手），被跑路的阿忠押回家探望久病的妻子阿滿，我們看到阿忠跟妻子阿滿的對話、交代女兒（晴晴）有事去找舅舅、要女兒好好照顧母親，當阿忠將「借」來的錢交給重病的阿滿時說：「……我剛發薪水，這妳先拿去用，該拿藥就去拿，不夠才叫晴晴打電話給我。」阿滿（點頭）：「你自己有留點在身上用否？」阿忠：「有啦。妳有沒好一點？」這些對話每句話充滿著夫妻相互的關懷與愛。而載阿忠回家的盧仔也扮演著朋友的角色，戲中的每一個事件，都撼動著觀眾的心。這些善良的話語都是出綁匪或自詐騙集團人員的嘴，難道這不是「惡人的善心」表現嗎？

五、《寶島漫波》中的地景書寫

　　一個文學家的創作，絕對離不開他的生活空間，對於自己所處的自然山水或人文景觀，總是有所著墨。創作的現場是一種客觀的存在，作家對他所生活的環境，當他書寫過程中，多多少少會寫進作品，因此會留下其生活的背景。考查作家的書寫空間，往往都是自己的家鄉或工作的地方。

　　通常寫實小說或歷史小說改編成電影，小說家所書寫的場景，大都會取材於當地的景觀，比如當今最轟動的「賽德克‧巴萊」的電影，導演魏德聖是由鄧相揚的報導文學《風中緋櫻》、《霧社事件》、《霧重雲深》等作品，及邱若龍的

▲《寶島漫波》場景之一：愛河

霧社事件漫畫書所啓發，加上一九三〇年十月二十七日由賽德克族發起的抗日事件（稱霧社事件），所編出來的電影故事，地景當然是今日的霧社地區（巴蘭社）、春陽部落（荷歌社、塔洛灣社）、廬山溫泉後山（馬赫坡社）、廬山部落（波瓦倫社）、清流部落（川中島）等地區，當然有些地景已經改變，爲了忠於地景的形貌，通過考據後蓋新影城來拍戲，電影推出後觀衆會跑到事件發生的地點去親臨現場，這該是電影效應帶給歷史現場的回應，也是帶動觀光的一種方法。另外，像《寶島漫波》的故事是來自二〇〇四年《聯合報》小說首獎〈我不是故意的〉，導演加入了綁票，讓詐騙集團與綁票事件，行成兩條線交叉進行情節，以增加戲的趣味與豐富性，是把電影的外景拍攝放在高雄市，作品拍成後這些入鏡的場景，也是影迷們找尋的景點，當然也帶動高雄的觀光效益，高雄市也增加了一個電影故事，當成來高雄旅遊的人一種話題。

▲《寶島漫波》場景之一：85大樓

　　如果我們回頭讀昭和二年五月十日，鍾理和的日記中寫著：「美濃，人多、機器腳踏車多、電影觀眾多、新建築多，而且精美、瀟灑、豪華。是不是地方富庶呢？也許是。然而有一點，學校是貧寒的，而且教室不夠，一間初中，還是初中，建設高中叫囂了幾年，至今還沒有下文。」另有一段寫著：「由美濃到龍肚的一條康莊大道，中間由柏油鋪成，兩旁有鳳凰木，路樹整齊而掩映。有水泥橋，有紅橋精舍，有田壟、有山、有水，這個現代化農莊，豐饒與富足之象籠罩全境。」由這兩段的書寫，我們可以想像出民國十六年美濃與龍肚的鄉村景色及人民的活動情形，推測出教育的種種情況。

　　出生在高雄的詩人李敏勇詩寫〈望鄉之碑——為高雄旗津戰爭與和平紀念公園〉：「被遺忘在遠方的死／從海的彼方／在異國的密林裡／以微弱之聲／呼喊著家園台灣／／被遺棄在歷史的生／從記憶的角落／在陰影裡／以顫抖的氣息／呼吸

▲《寶島漫波》場景之一：拾荒老人的家

著故土台灣／望鄉紀念之碑／召喚遠方的死／追索歷史的生／
／越過海／穿過記憶之牆／呼喊的聲音／會被聽見／／呼吸的
氣息／會被感應／／遠方的死／會回到故鄉／歷史的生／會印
記在家園故土／／在日與月的光影裡／在風與雨的吹拂中」，
這是一首旗津的人文地景詩，詩人以詩為人民與土地留下歷史
記憶，從詩中我們去了解過去的戰爭歷史。

　　然而，電影中留給觀眾的地景，該是他們在拍故事中的場
景，這些場景因劇情的需要，必須能充分表達故事中的內涵，
景觀必須配合故事，比如，當年楊青矗的《在室男》是書寫七
○年代，吸引許多外來人口投入高雄，而電影中的青年在此背
景下走入高雄，而酒女大目仔的酒樓就在愛河旁，影片中的地
景，可以看出當年高雄的生活情況。而如今這條從仁武八卦村
流來的愛河，下游流入高雄港，全長約十、七公里，而支流共
有自北而南的珠寶溝、大港溪運河、三塊厝溪及苓公溪。愛河

▲《寶島漫波》場景之一：原生植物園

下游的中都橋、建國橋、七賢橋、中正橋至五福路高雄橋，是鹽埕通往東高雄的交通要道，近年來在景觀上的建設，已經有很大的改變，有涼亭、涼椅供情侶約會，也是休閒的好去處。

　　《寶島漫波》是拍當今的社會情景，又把綁票、詐騙地點放在高雄，影片中的場景就市高雄市所拍攝的外景。影片開演不久，導演安排一位因金融風暴，在不景氣的職場中被裁員，因而走上絕路，從高雄港附近的一棟大樓，一躍而下結束生命，點出這部片子中，為了生活奔波的苦痛，選擇自殺的人走了。而活著的人，為了活下去就尋找自己的路。三位綁匪是在鼓山區的巷弄中，下手綁架喬治，三個大男人在巷中追一個小孩過程中，鼓山區的巷弄中的情景，透過一場追逐都留在影片中。當喬治被綁進車內，被送到半屏山後的水泥廠中藏匿。

　　看電影大部分的觀眾只看情節，很少去注意到故事的場景，如果是高雄人看到影片中阿光的家，一定可以看出那是左

營眷村，屬於自強社區。眷區我們通常稱它爲籬笆內的天地，這種地方以前稱爲軍眷區，這些軍人與眷屬自成一種生活形態，牆上常書寫著「反共大陸，解救同胞」的標語。如今眷區漸漸改建了，此部電影的場景將保留住眷區的身影，也算是一種文化典藏。

電影中扮演拾荒老人的家，是屬於高雄路竹區。而第一次贖金被拾荒老人拾獲處的地方，位於左營區蓮池潭的附近，在崇德路、曾子路間的原生植物園，有人說原生植物園是神話的故鄉，因爲上帝撒落了滿地的瑰寶，賜給高雄人一個築夢的舞台，高雄除了有青山、河川、港口及海洋，還擁有了一座台灣唯一的原生植物的環保公園。

這個植物園跳脫一般人工的公園設計，彙集眾多的植物在高雄市養工處的創意構思下，化平淡無奇的公園成爲市民的幻想世界，這塊占地約近五公頃的園區，現在如麻雀變鳳凰成爲全國知名的奇特園地。它成立於民國八十三年，是台灣第一座，也是唯一公園所有樹種都是台灣原生植物的環保公園，其中有種咬人貓、咬人狗、姑婆芋等有毒植物。其中姑婆芋是我小時候遮雨的器具，我曾寫過一首〈芋仔葉〉的歌：「芋仔葉圓圓圓／爲阮遮日頭／芋仔葉青青青／爲阮擋雨滴／一年遮了閣一年／風風雨雨過三更／雨傘有情閣有義／陪阮度過散赤的囡仔時」，有一天住植物園旁的高中同學陳番王，陪我走入原生植物園時，我想起童年的歲月，就唱出了這首歌。

目前園區內有六十多種台灣原生植物，每種植物都設有解說牌，說明樹種的名稱、特色與特殊用途。整個園區就像是一座活的台灣植物博物館。除了如台灣欒樹、台灣蘇鐵這些常見的樹種外，植物園內也有許多特殊而罕見的台灣植物，如登山時可見有毒的咬人狗等，指示牌中都會說明感染後的處理方

式，教育民眾相關的急救知識，九十一年五月行政院經建會核定將高雄市原生植物園升級為「國家級植物園」，將增設生態池，各類植物區、密林區等。

影片中的詐騙首腦 Toro 的禪修處是在高雄的元亨寺，他去元亨寺並非靈修，而是去書寫詐騙的《教戰手冊》，真是一大的諷刺。做為電影場景的這座「元亨寺」，坐落在鼓山區的柴山上，肇建於一七七三年，原為元興寺，一九八三年新建大雄寶殿時，挖出一塊一七七二年的一塊石碑，足見已有三百多年的歷史，一八九一年一場火災燒掉此廟，一九二六年移建此地時再改名為「元亨寺」，並額署為「打鼓岩」，從寺廟前的廣場可遠望高雄市全景，十一月的某一個黃昏時刻，望向港都是一幅美麗的畫面，遠遠的望去可看見高雄的地標八十五樓，矗立的高樓穿過雲層，旁邊有密密麻麻的群樓，還可以看到港

▼《寶島漫波》場景之一：六合夜市

區的的船隻，在水上遊走，夕陽用金黃色彩為港都著色，讓人的視覺進入一種如夢似幻的感覺。

最後要交贖金給綁匪，與綁匪落網處正是六合夜市，這個可以讓人吃、喝、玩、樂的市集，可從中山一路進去，也可從自強二路那頭進去，這個夜市是人行徒步，車輛不能進去，這裡有各式料理的名攤，有度小月的擔仔麵、清粥小菜、海產粥、特製紅茶、八寶冰、木瓜牛奶、各種海鮮等，你想吃的都可以在此找到。另外還有一些熱門的行業，算命、卜卦、賣藥，真如「夜市人生」中的各式生活，在夜市中的那場警匪追逐中，可以看見高雄六合夜市的面貌，綁匪阿忠最後跑到新光碼頭附近大樓頂，脅持阿光處正是旁邊是高雄八五大樓，這棟大樓擁有特殊的貫穿設計，左右兩棟建築在三十五樓以上合併成單一的高塔，直到八十五層的尖頂，而在中央塔下方留下一個中空的空間。

這些地景將與《寶島漫波》的影片被行銷到世界各國，使一些觀眾透過影片來認識高雄的面貌。這部影片還為台灣低下階層的人民講話，台灣社會真的病了！是誰使台灣變成現在的情況？值得大家共同來思考。

第七章　生產線上的詩與篆刻

文：康原／攝影：李昌憲

不管工作多麼困難
不管工作多麼繁瑣
生產線上的我們
以汗水承擔

　　　　——摘自李昌憲的《生產線上》

一、汗水與血淚打造的詩人

從「工人」的汗水中甦醒為「詩人」，李昌憲看到勞工的苦悶、聽到女工的心聲，創作了《加工區詩抄》、《生產線上》記錄了高雄加工區的工人生活，他說：「……從生活中，把加工區把工廠裡劇烈的撞擊的火花，融入詩篇。」從農業社會走向都會的加工區，李昌憲看到環境受破壞、空氣受污染、弱勢者被剝削，他以《生態集》做控訴說：「發展工業犧牲農業，只要經濟不要生態，在金權政治的攏斷下，形成惡質化的社會。」

在《從青春到白髮》我們看到他的戰地生活，他寫著：

「握著槍，站在崗哨上／我從準星尖進入／生死兩極／心／欲言無語／欲泣無淚」，在前線站衛兵，體會到生命生與死的兩極，生命充滿的空虛與迷離，而無法掌握。他在《仰望星空》中傳播一種愛，他說：「希望這個世紀不要再有戰爭，讓政治上紛爭的國界與疆界成為虛擬的，可以解構與超越。」詩中流露出對宇宙的愛，對人類的情。

莫渝編選的《台灣詩人選集──李昌憲集》中，我們看到他從抒情詩人轉變為寫實、批判的心路歷程，看清加工區勞工的血淚史，我們也看到詩人崇尚大自然的渴望。深刻體會到詩人所說：「詩是心靈撞擊的火花」的真實存在，它不是誇張的文學語言，是內心浮動不已的真實情懷。

這位曾編輯過《陽光小集》的詩人，出生在台南，現移居高雄楠梓，到楠梓加工區的電子公司任職，被稱「工人詩人」。曾加入「森林詩社」、「綠地詩社」、「笠詩社」，並負責編輯《笠》十餘年。最近由加工區退休後，除了繼續寫詩，每週六、日在文化中心參與藝術市集，展演項目為篆刻、石雕。將沒有生命的印石，刻成書畫用印。多采多藝的詩人，除了詩、篆刻、石雕之外，還用影像去記錄高雄的美麗景觀與常民生活。

在〈慢遊澄清湖〉寫下：「大貝湖改名澄清湖／傳習齋前一群年輕學子／玩瘋了老鷹抓小雞／小雞比老鷹快樂／／環湖步道／有人沈思／有人攝影／有人散步／／模仿西湖的九曲橋／一樣人擠人／悶熱四月天／陽傘撐開／曲折人生／／柳岸荷花初綻／一畫者在岸邊畫／一畫者在水中畫／一樣畫荷花／視角不一樣／心境不一樣／結果不一樣」，我們在淺白的語言中，讀到了澄清湖的詩情與畫意。如果有一天到了澄清湖，看著景觀想著這首詩的情境，猶如走入山光水色的湖中。

二、憫人的加工區詩抄

　　加工出口區楠梓園區，舊稱楠梓加工出口區，位於台灣高雄市楠梓區，成立於一九六九年。加工區內有日月光半導體、楠梓電子、華泰電子等公司設廠。除原有園區外，該加工區也在二○一○年五月開設「第二園區」，也稱「榮塑園區」，地點位在舊園區西南側，是舊「榮民塑膠」廠區。

　　詩人李昌憲曾經任職華泰電子公司資材部經理，此公司係歸國學人杜俊元博士於民國六○年六月基於工業立國精神，配合政府發展高科技之政策，暨提升國內產業技術，結合國內有名望之工業人士集資創建，近三十年之歲月。

　　在《生產線上》一書中，李昌憲寫了兩首〈華泰頌〉，第一首寫於一九八一年，華泰慶祝十週年廠慶，對自己的公司以頌讚的語言寫它，雖然受到世界石油危機的影響，但詩人站在

與公司同心協力的立場寫著：「全體員工 手胝足／貢獻澎湃的熱血／浩浩的氣勢轟響／昂揚著生命中最激越的火花／……如今，全體員工團結一致／發揮潛力，繼續／向自動化邁進」第二首〈華泰頌〉寫在一九九一年二十週年廠慶，他寫著：「二十年來留下了令人肯定的紀錄／肯定開拓者睿智的領導／……巨觀的視角已經伸展出去／以浩瀚和壯闊的胸懷，放眼世界／秉持永續經營的理想，勇往直前／突迫更艱難的環境／推移二十年後的時空／／華泰！你將成為一棵大樹／太陽在座標亮處升起／你當在明澈的呈現中完成」，由這兩首詩看來，華泰這家電子公司，還算不錯的資方吧！

李昌憲在一九七七年元月四日進入加工區，上班第一天，看見輸送帶（Conveyor）很快的速度，產品與產品的的間隔又密，女孩個個做得連頭都沒時間抬。每天他又管制著輸送帶的流程，直到一九七九年二月離開這家公司，到另外一家公司，

才寫下〈嫁給輸送帶的阿霜——記加工區默默貢獻青春和勞力的女孩〉這是一首敘事詩,此詩是分成七段的組詩,前面有〈序詩〉寫著:「萬千急促的腳步聲/日日追趕/八點卡鐘塑造的秩序//大門/關住/把機緣留在門外/把青春嫁給輸送帶/一年復一年/只為了生活//這女兒圈裡/多少眼神/期待人約黃昏後//月過柳梢頭/每一寸寂寞的顧盼/正踩著無法繁殖的愛情/醒來/青春已逝」,寫一些女工每天在輸送帶前,做了乏味又枯燥的工作,幾乎沒有自己的生活空間。

此詩從阿霜由鄉下抱著希望進入工廠寫起,下班時的「舉目無親無戚/無處可棲」,在工作時「電路板一塊接一塊/手忙腳亂汗水直流」,上班趕路是「為了不遲到被扣錢」,寫到「部長強迫加班」的無理。為了要脫離女工生活,去補校讀書為學歷「殉身薄薄的一張/文憑」,這些女工連生理期也要「緊縮腹肌忍耐的等/陣陣痙攣延全身」,因為是人家瞧不起的女工「剛訂婚又被退婚/說女工是落翅仔」,雖然有了學歷,畢業後仍然走頭無路。其實,李昌憲是很寫實的紀錄了加工區的女工生活,並沒有誇張的書寫。

李昌憲的詩,是以一個工人的觀點去記錄工人生活,是一種生活的體驗,平舖直敘沒有綺麗字句,卻顯現出「工人命中的悲苦」,他的詩走入了工廠,並體驗了勞工的生活與工作,抒寫勞工的心聲,這令我想到高雄同為工人作家的楊青矗,他於七〇年代末期時做為中油的工人,為港都的工人請命,先後寫下了《工廠人》、《工廠女兒圈》、《廠煙下》,開啟了台灣的工人小說,以人道的立場為這些卑微的勞工代言。其實高雄還有一位工人作家陌上塵,是台船公司的造船工人,以散文寫下《造船廠手記》。葉石濤說:「陌上塵是第二代的工人作

家。也是代表台灣四百萬工人，反映台灣切實要求和心聲的代言人。」陌上塵也承繼台灣文學寫實的傳統，反映工人生活，也為工人代言。

　　一個加工區的員工，一方面工作、一方面觀察，用詩記錄工人的工作與生活，反應出工人的各種心理，清晨起床還帶點疲憊，騎著腳踏車，心急的往前衝向加工區，在車水馬龍的道路上，拼命的前進卻被別的車撞擊了，濺出血肉橫飛的狀況，真令人慘不忍睹，加工區上下工的時間，經常會發生交通事故，但為了上班仍然必須「除了碎散的目光／路上依舊追趕」這是多麼無奈的辛酸。

　　女工雖然懷孕了，仍須挺著大肚子上班，久坐在輸送帶旁，一方面工作、另一方面煩惱著物價高漲，詩人觀察到這些女工蒼白的臉，在「自工作中辛苦孕育新的生命／眼中閃亮溫暖的情懷／融入盛滿著愛／不管汗水掘深額頭幾層」，有一些剛從國中畢業的女工，在離鄉背景下，思鄉的浪潮隨著月亮的

升起而滾動，在燈前想要寫一封家書時，卻淚眼斑斑的寫不下去了。

加工區的女孩，除了工作壓力之外，感情的世界仍然是一個問題，當愛情誓言得不到印證，一切的希望落空，失去了理性之後，常常以結束自己的生命來表白，在工作崗位上，詩人看到一個女工「狠狠喝下幾口鹽酸／企圖用鹽酸來毀滅／當死亡的恐懼左右震擊／她突然放下空瓶子／狂／奔——向醫院」，這種生死的掙扎，使人感到女工生涯中，很少企業家會去注意女工們的感情生活，他記錄了女工世界的現象。

在〈女工心聲〉這一輯中，我們看到詩人書寫企業界的唯利是圖，完全不把女工當人看待，在無預警的情況下被裁員，在年關近的時候年終獎金也飛了，這個時的工會本應為工人爭取權益，沒想到這些工會理事「反過頭來對我們／應時做安撫而已／安撫而已」，這些工人只能任人宰割。還有一些為生活而擠進加工區的臨時工，找不到安身立命的所在，隨時會被解雇命運。若從生活面來講，所有的物價都在高漲，公務員也不斷加薪，唯有勞工的薪水永遠不調整，這是多麼讓人失望的事情。

李昌憲在《生產線上》的自序上，用自己的篆刻作品寫著「生產線上的勞工日以繼夜，用生命力量創作經濟奇蹟，我用詩來記錄參與的歲月。」但在這本書上，我們看到詩人也站在資方的立場寫詩，或許自己也躍上領導的管理階層，為了活動的須要寫了一些比較正面的詩，在一般人的「工人詩人」的印象中，這些作品好像有點突兀，沒有站在勞工的立場書寫，或許就像李昌憲在出版後記中說：「出版這冊詩集，為保持當時的真，不事更動，縱有不甚妥善，也只是人生旅途的紀錄而已。」其實是如實地記錄著，參與活動的書寫狀況。書的第三

輯〈失業的心情〉、〈未婚媽媽〉、〈無妻徒刑〉又恢復為勞工而寫的觀點，寫一些半工半讀的女作業員在理想與現實間感受到的壓力、女工過了適婚年齡的悵惘、尋找職業遭受到的陷阱、被工廠當為奴隸的悲哀、沒有人性的管理階層、被騙的女工成了未婚的媽媽、在工廠實習生偷嘗禁果的事情等各種潛藏在加工區的問題，都被寫入了詩集。

在〈變遷中的生產線上〉後記，李昌憲有這樣的一段話：「在生產線上從事管理工作，除了要改良很多製作上的問題，同事間遇到感情、婚姻、學業、事業面臨困頓面對抉擇時，有些人會問癡長幾歲的我，怎麼辦？雖然有些問題無最佳解，只能提供一些參考方案，讓她們自己去抉擇；下班之後，回到我看書與思考的知性空間，這些停在心靈上的問題，都會再造成或深或淺的湧動，偶而靈感乍現信手寫來，成了一首詩或一篇散文，無意間記錄下來了。這段期間也擔任工會常務理事，從

與友會的勞資問題中也寫了一些，如今都成了歷史，卻仍歷歷在目在耳在心。」這段話該是詩人創作出《生產線上》最主要的動機。

三、從《生態集》到「地景詩」的書寫

一九九三年六月，李昌憲由「笠詩社」出版《生態集》一書，序詩〈在都市與農村之間〉以詩說明了——這位從鄉下投入都市的詩人，看到了河川因污染變了色、噪音喧囂在靜夜裡、山林遭砍伐、野生動物被掠殺、生態被破壞等慘不忍睹的行徑。他雖然很認真的以詩去記錄這些事實，去批判這些破壞者，卻無法去改變這些變遷，就像他所說：「……看盡海岸的變遷，卻無力阻止這些改變。如同我寫了這些詩，仍然沒有用的，只能靠窗在遠處看，光化物籠罩高雄港，漫天煙塵的晚霞，入夜以後是高雄市民的惡夢。」那個年代裡，這是多麼傷

感的一段話，該會引發大家共同去思考，如何去改變這個受傷的美麗港都。

李昌憲在一九九三年以前在〈愛河畔沉思〉的詩寫著：「喜歡愛河的阿公／在五十年前的梅雨季／荷鋤走過愛河畔／雨浪漫而詩意的下著／／喜歡愛河的阿爸／在三十年前的梅雨季／騎腳踏車過愛河畔／雨無言而思憂的下著／／不喜歡愛河發臭的我／在一九八六的梅雨寄／騎機車靠愛河畔沈思／酸雨遺憾而詛咒的下著／／聽到愛河就喊傷腦筋的小女兒／再二十年後逢梅雨季／也許躲在樓中樓忍受／高濃度酸雨的不斷侵蝕」，這是一八八六年寫的詩，但經過了二十幾年後，高雄市政府費了很多心力去整治愛河，現在的愛河以清澈的水流過，兩岸美麗的景緻，吸引了許多的觀光客蒞臨，許多為「愛」而來的情侶，乘坐著各類型的愛之船，那水陸兩用的鴨子船，擁有「陸上行舟，水上搭車」的全新感受，在愛河中飽覽兩岸的風光，從河中欣賞高雄市各種不相同的角度，微風吹入船中，

有時水浪拍打在船板，發出陣陣的聲音，船上還有親切的導覽人員，講著港都的故事，談著愛河與高雄人的關係。

　　現在的水陸鴨子船，分成兩個路線，一是蓮潭線，這一條路線可參觀蓮潭的許多廟宇宗教區，還有龍虎塔、春秋閣、舊城北門等古蹟，也能看到一些野鳥飛過潭面，欣賞野鳥的美麗姿態。若乘坐愛河線的民眾，則可選擇週二到週五從夢時代搭乘，若週六或週日從駁二藝術特區搭乘，分別看到八五大樓、新光碼頭或高雄港、香蕉碼頭等知名景點，兩個航線最後都會到光榮碼頭下水，再從五福橋慢慢的航行到中正橋，看盡愛河兩岸的風情。航行愛河還可選擇環保太陽能船，這種船零污染、無臭油味、無噪音，船頂的太陽能集電板，不但可以吸收太陽能儲存入鋰電池中，取代柴油燃料，達到節能減碳的效果，還能為旅客遮風擋雨，真有數不清的優點。

　　二〇一一年的四月二十二日，李昌憲在拍攝黃金愛河後，

寫了一首〈黃金愛河〉的地景詩：「友人：愛河的水比以前清淨／我說：政府洒下許多黃金／這是黃金愛河／／高雄人勇於築夢／展開雙翼飛向世界／希望與理想都將實現／／為你點一杯咖啡／我點一壺台灣好茶／坐下來品飲／一下午的幸福／／生活與美的邂逅／從「貓」一般的／愛河景」，同樣是這條愛河，從一八八六年到二〇一一年，在地詩人李昌憲有這種天南地北的差異感，可見高雄在進步了，這條見證愛情的河已變成了高雄人的驕傲，已變成外地人旅遊的重要地景，如果走過心形的「愛河之心」，情人的愛將如河水永不止息的流著，將如詩人所寫的：「牽手走向愛之橋／橋上燈光彩妝／橋下復刻倒影」是一種行影不離的暗喻，情侶們將嘗到「甜蜜在嘴唇／映照在心中」。

　　高雄市有一條後勁溪，全長約十三公里，流域面積廣達七十三‧四五平方公里，跨越楠梓及仁武、大社，也串連高雄

大學、都會公園等重大區域發展，堪稱北高雄的大動脈。早期的後勁溪水流清澈，自從高雄發展工業之後，一九八八年李昌憲觀察到的後勁溪：「在家庭，把棄物污水拋流後勁溪／在工廠，讓毒液廢水排入後勁溪／經不起過分摧殘／魚蝦全部暴斃／屍體日夜發臭……」許多市民發起一連串的抗爭運動。為了還給後勁溪一個清新健康的風貌，工務局從二○○二年開始著手規劃後勁溪的整治，除了逐步完成河道兩岸的親水設施之外，工務局更是全國首創以「楠梓污水下道系統 BOT 案」，引進民間業者的投資參與，加速楠梓地區污水下水道管網系統建構，為縣、市的後勁溪及典寶溪的永續環境規劃出具前瞻性的策略及方案。

　　中游則從益群橋路至興中制水閘門間，平均寬度約七十公尺。工務局以緩坡河道的方式擴大排洪的功能，阻絕了沿岸的洪患外，也藉由生態工法及親水台階等進行兩岸綠美化。綠油油的堤岸，更是北高雄居民休閒的新寵，從後勁橋到軍區大

排，綿延五公里，延著河岸的休憩步道及自行車道，為鄰近的右昌地區及高雄大學特定區師生帶來健康、完善的親水休閒空間，更是自行車迷的最愛。

　　台塑仁武廠、大社、仁武工業區，楠梓加工區及中油高雄煉油廠等五大工業區之廢水，目前皆已納入左營海洋放流管排放外海，對後勁溪污染源減少許多，至於沿海零星工廠廢水及畜牧廢水亦由省、市環保單位加強管制取締。慢慢的後勁溪生態有了一些變化，二〇一一年一月詩人李昌憲的〈後勁溪生態觀察〉寫著：「後勁溪轉彎處／翠屏校舍光影交錯／我觀察記錄沿岸生態／／開白花的鬼針草／到處留下生命足跡／浮萍搖著翠綠色小船／展開一趟冒險的生命之旅程／苦苓花開滿紫色小花／每一朵都是繁衍的偉大力量／／紅冠水雞躲入草叢／白頭翁呼朋引伴喧嘩／麻雀在草地覓食嬉鬧／八哥互相引逗演出求偶儀式／兩隻白鶺鴒搖尾羽警戒／成群喜鵲停在校舍頂樓／／對著學生一再叮嚀／要愛護生態／要尊重自然」，從這首

詩的描述中，我們清楚的看到，河川慢慢又有了生命，各種鳥類、生物又蒞臨河畔，環境的改善使詩人的心情起了變化。我們常說：「情動於衷而形於言。」這位注重環境變化的詩人，他已看到大高雄漸漸在改善環境，往現代的都會邁進了。

　　新建造的城市光廊，位於中山路和中華路之間的五福路，入夜以後城市光廊瀰漫著一份炫麗又浪漫的藝術氣息，色彩繽紛絢麗的燈光、寬敞開適的空間、悠閒的露天咖啡雅座，再加上慵懶的爵士樂音，讓忙碌的高雄都會的人們瞬間悠閒了下來。城市光廊將藝術與生活做了完美的結合，這裡有九位藝術家的原創作品，以及用前市長與兩千零一位高雄市民燦爛笑臉爲素材製作成的「SMILE——二〇〇一希望之牆」，每件藝術創作都各有特色，也各有深遠的意涵，例如由藝術家林熹俊所設計的玻璃平台，搭配五彩繽紛的燈光變化極爲炫麗，而林麗華則將代表高雄特色「金」、「土」、「鐵」結合起來，形成「太陽之頌」創作，用來展現南台灣的陽光與活力，至於「SMILE——二〇〇一希望之牆」則是希望高雄市民每天可以多一點微笑，用微笑來迎接新一天的來臨。來到城市光廊穿梭在嫵媚繽紛的光影中，找個位置悠閒的喝杯咖啡，聽著古老的爵士樂，讓樂音穿透你的心靈，迎著徐徐的微風，享受這都會間悠閒恢意的空間。二〇一〇年詩人李昌憲面對著「城市光廊」他寫著：

　　　「城市光廊點亮／港都新美學／／以燈光營造／夢幻的氣氛／音樂的旋律輕輕舞動／展現迷人的魅力／吸引青年男女／心情不夜／／新美學放光／照遍新港都」能走入光廊的民眾或旅人，如沉醉在幸福的境界中。」

四、篆刻詩人與藝術市集

　　每個星期六、日下午，高雄市中正文化中心的西側，會有千變萬化的世界，這裡有各種才藝作品的展出。原本平凡的人行道熱鬧了起來，各式各樣的特色攤位，吸引許多民眾駐足。這個藝術市集集結了許多街頭藝人、年輕學子、身心障礙朋友和個人創作者的熱情，週六、日午後趕緊呼朋引伴，一起到高雄藝術市集尋寶吧！

　　藝術市集中有各種藝品，以手工創意之藝品，黏土創作、

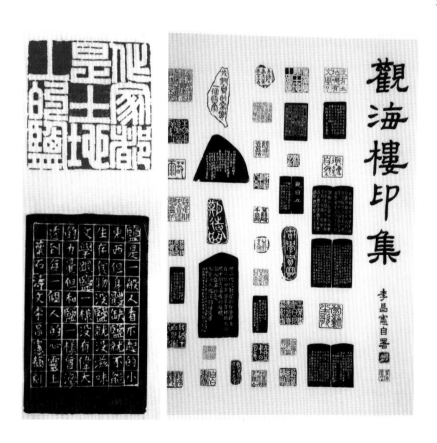

手工皂、手繪安全帽、石頭彩繪、吸管創作、各種木材創作、石雕、陶藝、竹藝等，有呈現出如油畫般的皮雕作品；有貓頭鷹和大象瓷杯充滿童趣的幽默；各種以高雄當地特色為題材的作品，有手工玻璃雕塑頗為壯觀，詩人李昌憲的篆刻作品參與其中。

　　《笠》詩刊的詩人李昌憲，從一九八五年開始學習篆刻，不斷努力鑽研有關的書法、刀法與章法，更用心收集不少印石，又在家中的陽台設置一個專屬的工作室，工作檯背後直立整櫃有關印材及篆刻的書籍。抽屜中則是整盒排列整齊的印章石材，他玩笑似地說：「如果需要錢的話，把印材和茗壺拿去變賣，應該還可以有些收入安度餘年吧？」不過他又說：「印材與其放著等自己終老，還不如趁現在退休，精力還行的時候，動手刻給大家。」我也收到這位感性的詩人朋友為我篆刻筆名的一枚印章，收到此章後我也好好地珍惜這份情誼。

　　在我收集的台灣詩人群像中的作品，有詩人林亨泰等人

的書，扉頁前有李昌憲為詩人篆刻的文學觀；比如為林亨泰刻著「現代詩必須以現實的素材與經驗為出發」的字句，而林亨泰的詩觀又說：「因創作而尊嚴——所謂創造，是人類對於優越性的追求，也就是透過創作活動將人的尊嚴重新做一次提升。」短句中即可了解詩人的作品面貌。

　　為錦連的書刻著「我們從哪裡來，我們是什麼？我們要往哪裡去？詩是要探求這答案過程發出的智慧花朵。」錦連詩觀中也說：「我以為詩不應該著重於用字遣詞的深奧與精練，而是在探討如何運用這個本身就帶有一定意義的工具（文字）去尋找一種可能性，進而去建構新美學。」

　　教授詩人趙天儀的書的扉頁上刻著：「詩是人類的探險，有隱藏的奧祕」，也該是如趙天儀教授所說：「詩人要向時代發言，就要向時代挑戰。詩人要對自己發言，也要向自己宣戰。」在詩人岩上的書上刻著：「人生的實體才是詩創作的主體。」在陳明克的書上印有「人類有自我意識時，即感到詩意。」李昌憲用一枚印章，呈現出詩人的詩觀，放在書的扉頁中，增加了書的美觀與價值。

　　當我訪問李昌憲，做一個詩人與篆刻藝術家在街頭賣藝的感覺如何？賣藝品可以維持生活嗎？政府對街頭藝人的關注如何？有什麼建議嗎？李昌憲說：「二○○六年八月笠詩社年會在台大校友會館舉行，主編莫渝有編印《台灣詩人群像》的提案，我坐在他旁邊，他先向我說明每集有詩人相照、手跡、簡介、詩觀、詩作合計一百二十頁。我說：如果加上詩人用印，則會更完整，至少沒有詩集這樣做。他把印章加入原提案，決議通過。我在會場就開始傷腦筋了，畢竟篆刻荒廢已久且學藝不精。既已決議只有開始重磨刻刀、整理印材，開始篆刻。

　　一方詩人的印章，如果沒有側款，佔一頁太空了；讓印

的側邊成為詩人的詩語（詩觀）的載體，再鈐印及拓款在印譜本。之後，翻查《笠詩選——混聲合唱》及《笠詩選——穿越世紀的聲音》，最後決定依後者，告知主編說明兄及出版者坤崙兄同意。新加入則由其本人提供，唯有些詩語字數太多，只能摘要刻在印側，再拓印款，均頗費時，先完成參加《台灣詩人群像》的同仁二十多方印，全部印材為舊藏七分巴林彩石或凍石。

印譜本題字《詩人詩語——台灣詩人印譜·笠詩社卷》，有次在發行人家中小聚，有同仁倡議可單獨印成《詩人詩語印譜》。想及已完成約一半，同仁約五、六十位，個人是有能力完成，也就答應所倡議，為笠五十週年慶。《詩人詩語印譜》每個詩人本名或筆名的印章，側邊刻詩人的詩語，將是詩人資料的一部分。

詩語，是詩人寫詩之中凝固的珍珠。有些詩人一生只有一顆，有些詩人會有成串的珍珠，且在各階段各有不同色澤、不同風格。然其必有一主軸，若隱若顯的穿引一生，引導詩人的思想，從而進行詩的創作。

詩的創作靈感並非源源不絕，總有寫不出詩的空白，有時還延續很長期間。我就常發生這樣的情形，當寫不出詩文，也不想看書，泡茶養壺、把玩印石，腦袋空空，也是樂事。

從詩人詩語開啟我退休後對篆刻的熱情。篆刻必須會三個基本功：雕刻、書法、文字學；研習文字的演變，從甲骨文、大篆（古籀文、金文、石鼓文）到小篆（秦篆）的過程；可以知道文字的載體，從殷商時代文字載體為獸骨、龜甲的甲骨文，商、周文字載體為刻在青銅器的金文（鐘鼎文）、春秋戰國各國不同的古籀文，秦朝將文字統一之後，通行的小篆，文字載體為刻石，皆由專門刻工雕鑿；漢朝竹簡、帛書、漢印、

器物，大部份的載體為自然界的物質，以金屬及石材居多，所以留存至今，已歷經數千或數百年，我們還可以眼見。

紙張、印刷術發明後，載體為紙，裝訂成書；印章歷來為官方及身分表徵，由專門刻工雕鑿；印章在各朝代文字雖有演變，卻仍延續至今。從明末開始有文人自行篆書而刻，開啓清朝文人篆刻的盛行，大量的詩詞入印，或者將寄情遣懷、涵養性靈、生活雜感的詩文，透過書法直接寫在印側，再刻成邊款，進而把邊款拓印出來；不僅有書法，有紀年及印人名字，流傳下來的成為珍貴的文史資料，名貴印材也成為收藏家的藏品。

印章從實用的工藝，成為一門藝術，發展過程是透過篆書的筆法、章法、墨趣，篆刻的章法、刀法、邊款逐漸發展而成。其載體印材，也因為文人的介入，使印鼻（鈕）的雕刻發

展出圓雕、浮雕、微雕、薄意，題材有人物、古獸、動物、植物、花鳥、詩文等，吸引更多的文人雅士、書畫家、收藏家投入收購，現在好印材難求，許多名品已價比黃金，一般的素方印材也大漲，好印石礦藏漸少，當然也有人為炒作。」

李昌憲從二〇一〇年七月參加高雄市街頭藝人認證，二〇一一年元旦開始在文化中心藝術市集設攤篆刻。他說：「雖然個人在篆刻的技法、章法、刀法尚有未盡善美之處，未來仍需努力。」

詩人走入藝術市集，把篆刻作品呈現出來，讓市民容易看見，尤其在電腦刻印的商流中，有許多喜歡手工刻的人，常

有把早年收藏的象牙、沈香、檀木、鹿角等印材拿來要手工刻姓名印鑑，也有書畫家把收藏的田黃、荔枝、杜陵、雞血石等名品拿來要刻書畫用印。

李昌憲在藝術市集已經有一年多的時間，每兩個月換一次位置，瞭解許多人以此為生，實在相當辛苦；最怕遇到下雨把作品淋濕，收攤回家還要整理或重作，是一件很傷腦筋的事，如果藝術市集是可以避風遮雨，雨季來臨就不會常常白跑一趟。他又說：「成為街

頭藝人，參與藝術市集，純粹是讓退休後有事做，有個固定的目標，除了刻商品化的閒章，也接受訂單；把篆刻當成藝術追求，像對詩藝的追求一樣，都是永無休止的創作。」

第八章　雕塑中的生活意象

文：康原／雕塑：蕭啟郎

一、蕭啟郎的童年記憶

　　有一年台中現代詩人協會，要在三義的木雕博物館，與一群藝術家做詩與雕塑的聯展，理事長吳櫻寄來幾張木雕作品的影像，要我選擇幾件作品寫詩，除了我長期與雕塑家余燈銓合作外，我選擇了一位雕塑家蕭啓郎的作品〈童年戲曲〉（布袋戲）創作一首台語詩，我寫著：「細漢阮是一齣一齣／搬未煞的布袋戲／有時演關公劉備／有時做林投竹刺／／即馬阮嘛一年一年／繼續搬落去為公理正義／可惜現代人無趣味／講阮夕戲拖棚」這件作品，勾起了我童年時看布袋戲的記憶。透過這件作品，我寫下小時候與一些朋友跑去看布袋戲，總是忘了回家，常被父親指責我說：「人交的朋友攏是關公劉備，汝交一寡林投竹刺」，這句話用「關公劉

▲蕭啟郎〈童年戲曲〉

▲蕭啟郎〈青青草原〉

備」來說明有義氣的朋友，是近朱者赤之意，而「林投竹刺」，意味者損友，會傷及身體的意思，寫了這首詩後，在聯展中認識了蕭啟郎。

　　布袋戲又稱爲掌中戲，約在清道光、咸豐年間，從泉州、漳州、潮州傳來，當時布袋戲使用的戲曲有南管、白字戲仔和潮調，好友吳明德告訴我：「台灣布袋戲裡面有文學、哲理、說書、雕刻、刺繡、音樂、戲劇等各種表演元素。」這種表演藝術眞可謂「袖裡乾坤大，掌中天地寬」。看到蕭啟郎把布袋戲雕塑著栩栩如生，讓我因布袋戲的雕塑品，認識藝術家，原來這位藝術家是彰化縣社頭鄉人，現在移居高雄市，爲了寫高雄市的報導，我去拜訪他並談及其創作的動機。

　　那是一個夜晚，我與番王舅舅抵達仁武的仁慈路蕭啟郎的工作室，我請教他的創作因緣，蕭啟郎說：「我的創作動機靠的是童年的記憶，童年時光我在彰化的農村裡度過，記憶中鄉

野生活樸質印象，舊時代眞摯淡泊的性情，這些雖是過往雲煙卻沈寂在我的腦海裡，隨著自己年歲的增長、老家田園風貌的逐漸消逝與越來越冷漠的人際關係，刹時間這些眷戀都一一被喚醒回來，從此變成我創作時執持的理念與雕塑的題材。」常聽人說童年生活記憶是藝術創作的源泉，從蕭啓郎的身上印證了這句話的事實。

從農村移居城市的蕭啓郎說：「在城市中的生活忙碌、緊張，在創作之時想像村莊的生活步調，用農村的情景來創作，會有一股平衡與舒緩的力量產生。其恬適的意境，最能表徵我眞正的性格以及內心對自然的嚮往。」

因此我們看到了他的作品〈青青草原〉，一位牧童趴在牛背上，猶如做著甜美的夢，或許這是許多鄉下小孩共同的生活經驗，蕭啓郎說：「夏日的午後，水塘邊蟬鳴鳥叫，眾生在鬧中取靜，而小牧童也止不住在牛背上偷閒起來了。老牛咀嚼著大地的滋味，氣定神閒，溫厚的眼神不見絲毫慍意，厚實的背脊則穩穩地托起了孩童的夢想，和風送爽，小牧童的嘴角流洩出淺淺的笑意，青青草原在仲夏的夢裡，散放著濃濃的茶香味。」

這樣的作品若有農村生活經驗的人，一定會體會到鄉間生活的悠閒與平靜，而看不到內心深處的人，也許體會不到它究竟有什麼重要。其實這種看似單純而實質濃郁的生活方式，就會帶來極豐富的生存活力，給長期在城市生活的人，一種抒發壓力的能量，它帶來的震撼會像撬開久封的罈罐，陳年的醺香令人聞得全身發顫。

有人說：「藝術始於遊戲。」小孩的成長過程中，都透過遊戲來模仿大人的世界，小時候辦家家酒時，常玩著婚禮的裝扮或母親做家事炒菜、煮飯，甚至於學習大人演布袋戲或歌

▲蕭啟郎〈頑童〉

▲蕭啟郎〈戲棚人生〉

仔戲。兒童在玩耍的過程中，有時候必須自製玩具，像砍樹來製作陀螺，或做彈弓來打鳥，同樣在鄉間長大的蕭啟郎，雕出了童年的回憶〈頑童〉作品，身穿著鬆寬的衣服，緊緊的拉著打鳥用的彈弓，目標不一定瞄準鳥，可能對著水牛、雞、鴨、鵝，只要可以命中的目標，都是可以射擊的。這位小孩，神色一派自然輕鬆，好像在休閒之時，手中持著武器奔跑在田野間，穿梭在森林裡，看他沉醉的眼神，充滿神密的幻想。

俗語說：「人生親像大舞台，苦齣笑科攏公開」，這句話說明人生在世如戲、如夢，如幻，生命總是在演著不同的戲碼，每一個人都在演戲，但總是在不同時段中，演著不相同的角色，在演戲的過程中，一定有不相同的觀眾在欣賞，而這種舞台是沒有特定場所，觀眾總是隨緣不須要邀請、買票就能觀賞，甚至於可以參與其中，共同演出這齣戲。每個人都扮演一種角色，像蕭啟郎的〈戲棚人生〉作品，這也是一種人生如戲解讀，這位老人，右手拿著二胡，左手牽著孫子，與一隻小狗走在街上，愉快的步上歸途，或許他剛剛到廟宇去參加野台戲

的演出，心靈已經得到了安頓，那位小孩或許是雕塑家的童年吧！

蕭啓郎對我說：「選擇鄉村生活百態的藝術創作，不僅僅是題材上的選擇而已，更是因爲科技的進步使人產生過大的壓力，我們透過欣賞藝術品來抒發，對城市生活的人是件好事。人有時候停下腳步，回頭看看過去的生命旅途，仔細審視每個湧現在心頭的珍貴畫面，也許這些等在記憶角落中的美好過去，正準備爲你、爲我、爲我們的子孫指引新局，看看童年的生活之於我藝術的創作，這不就是最好的證明嗎？」

二、街頭、村道的生活記憶

如果有機會到高雄，一定要到旗津半島去吃海鮮，那邊的海鮮街有廟前路、中洲三街及海岸公園對面行政中心旁的海鮮店。這裡的海鮮三寶爲螃蟹、小管、烏魚子，也有進口的龍蝦、旭蟹等。吃完海鮮去天后宮拜媽祖，這間媽祖廟是高雄地區最老的廟宇，在旗津地區有三輪車隊所形成的特殊景觀，如果是外地來的客人可以雇一輛三輪車，沿途欣賞這個地方的景觀，回味一下濱海的生活。

如果看到蕭啓郎的〈回外婆家〉的雕塑作品，三輪車上的母親拿著用布巾包的東西，微笑著與車上的孩子對話，這種街景現在可能是旗津最特別的景觀，我曾問過雕塑家蕭啓郎，這是來到高雄旗津又勾起他孩提時代的記憶，創造出來的品。

這件回外婆家的作品，令我想到小時候外婆家在普度或迎神賽會時，我總是一直吃米粉、喝汽水，並吃壞了肚子，有一首台灣兒歌這樣唱著：「鬧熱時阿嬤兜，煮到眞妻操，大下細下直直食，食飽趕緊走，行到阮兜門腳口，吱吱咕咕腹肚吼，

揣便所來消套，　哩啪啦，遭膏！」吃壞肚子而拉肚子了，後來聽到「米粉炒結到飽」的諺語，終於了解其情境了。

　　搬到高雄市仁武區來住的蕭啟郎，看到本區西部地勢平坦，為主要農耕地帶，總會想起故鄉的一些情景，台灣鄉下的稻田是鄉村特殊的景觀，鄉道上的牛車與水牛是一種強烈的記憶，到了秋收的時期，載滿稻穀的牛車影像，總是閃過雕塑家的腦海中，於是創作了〈豐收〉，蕭啟郎說：「科技讓我們距離太空越來越近，卻離大地越來越遠，鄉間人們習慣打赤腳，其緣由不全然是生活的困陋就簡，更重要是人們的肌膚貼近大地的感覺。作品中厚厚的色調散發著土地的味道，所有的人物都像是被大地染色一般，他們是大地之子，走過了春夏的辛勞，期待在秋收的時刻，所有的牛隻在這個時節也要一起擔負

▲蕭啟郎〈回外婆家〉

▲蕭啟郎〈暮歸〉

重任。」這段話是對豐收作品的詮釋。

〈暮歸〉與〈對話〉都以台灣水牛為題材所創作出來的作品，〈暮歸〉塑了三隻牛，一隻公的、一隻母的、另一隻小年，以牛去暗喻「日出而做，日入而息」的台灣農民，忙了一整天之後，帶著有點疲憊的身子回家，身體雖然累了，但一家人能相伴的走在回家的路上，是一件快樂的事情，這樣的鄉間情景，是農業社會中到處可以看見的畫面，記得被稱為台灣詩哲的林亨泰曾經寫過一首〈日入而息〉的詩來描寫黃昏的鄉間：「與工作等長的／太陽的時間／收拾在牛車上／／杓柄與杓柄／在水肥桶裡／交叉著手／／咯瞪嘩啦嘩啦／嘩啦咯瞪咯瞪／穿過黃昏／回來／了」，此詩中的牛是拖著牛車踏上歸途，而雕塑中的這三隻年雖然沒有拖車，象徵著已經忙完了農事，走在回家的路上。而同是以牛為題材的〈對話〉，是一隻麻雀與一頭牛，猶如交頭接耳在講話，但有句「對牛彈琴」的成語，可用來引申此作品的意涵，也是頗為幽默的創作，這隻牛可能也聽不懂鳥語，好聽的鳥聲牛不知是否能聽懂？

高雄、縣市合併之後，行政區雖然重新劃分，然而鄉間的百姓生活形態，還保留著農業時代的氣氛，〈春耕〉這件作

品，背景是貼春聯的鄉間廳堂房門，三位小孩守著自家的廳門，看家的同時是閱讀，大的姊姊還要照顧弟妹。雕塑家對自己的作品這麼說：「庄跤囡仔天拍天晟（自活自長），春耕之際，長輩們忙著田裡的秧苗灌水，孩子們在家中要學著照顧弟妹，使自己慢慢能獨立。」作品中三位孩子黑亮的膚色與門上春聯相映成趣，門聯上明亮的色澤是農村少有的豔麗，對聯寫著家訓與對生活的期待。同在屋簷展書而讀，小女孩輕握書本，翹首凝望：姊姊的專注陷入沈思，弟弟趴在椅子上入睡了，三位姊弟或沈思、或熟睡、或出神，在木桌方凳上的孩子，心中或許想著要如何「光耀門楣」的夢？

傳統的台灣社會中，家庭中常有「男主外、女主內」的觀念，然而勤奮的台灣婦人，除了相夫教子之外，常要下田幫助農事，如果婦人家中沒有老人或較大的小孩照顧幼童，婦人出去工作常要背著孩子做農事，在做農事的過程中，常會停下工作，讓孩子哺乳，像〈母愛〉作品，戴斗笠打赤腳的婦人，坐在石頭上抱著小孩餵奶，眼神凝視著幼兒可愛的臉蛋，一點都不會感到疲憊，通常孩子哺乳完後，又會繼續工作。這位母親連斗笠都沒開脫掉，就抱著孩子餵奶，凝視著懷中的兒子，神情也不會覺得累，那雙粗重的手掌緊緊的抱著孩子，眼神也不會疲累，充分表現出母親對孩子的愛戀。

做完田園裡的工作，女人要回家的路途中，會挑著水壺與孩子，這件〈番薯囝仔〉的作品，表現出台灣婦人與丈夫共同為家庭打拼，女人也必須承擔墾荒、下田的工作，在家洗衣、燒飯、做雜事，在作品的說明中寫著：「台灣的男人暱稱老婆叫『牽手』，既是牽手，自然意味著，生活責任的共同承擔……農業社會中的職業婦女，為家計生命猶如蠟燭兩頭燒。」作品中，母子兩人四目相顧，彼此依戀的幸福在交織的眼神中

▲上：蕭啟郎〈母愛〉中：蕭啟郎〈春耕〉下：蕭啟郎〈番薯囝仔〉

不言而喻，這肩頭的擔子，一頭擔著是現在，另一頭挑著是未來。」

　　鄉村的老人總會在村莊的廟宇或大樹下乘涼，老人相聚在一起總是泡茶、聊天，說說村莊的迎神賽會，或某家人的婚喪喜慶，甚至於自家的各種事情，有時候相互消遣過日，鄉下人說是「話虎瀾」也就是這件〈閒話家常〉，蕭啓郎說：「台灣人把『忙』喚做『無閒』，原來『閒』也是一種幸福，純樸的農業社會中，生活娛樂有限，有閒的時候該做些什麼呢？三五老友聚在一起『開講』，活動看似簡單卻饒富樂趣。作品中兩位老農夫談天說地，聊得起勁而專注，就連腳邊的小狗咬走了木屐也沒發現，兩老秋月春風道不盡，相視莞爾的談笑風生，顯然有喜相逢的愉悅。」

　　這種作品在如今的科技社會，人與人之間的疏離越來越嚴重，是多麼珍貴的作品。

三、民間故事中的創作

　　在民間談到關公是一種「義氣」的象徵，有桃園三結義的故事，寫著關公、劉備、張飛結為義兄弟的事情。小 中的《三國演義》中桃園三結義是寫：漢朝末年黃巾賊做亂，漢室後裔的劉備從軍無門，望著告示長嘆的時候，張飛這位粗壯的年輕人出現了，他準備散盡家財、組織軍隊來對抗黃巾賊，正當他們在酒館共商大計的時候，有一位殺了地方貪官準備投靠軍隊的關羽，也加入他們的陣容，於是就在張飛家中的桃花園結義成兄弟，成了《三國演義》中肝膽相照的三位英雄人物。

　　而《關雲長》的影片，主要描寫建安五年（二○○年）正月，曹操在誅滅了董承等人之後，為了解除東顧之憂，避免

和袁紹、劉備兩面交戰，以迅雷不及掩耳之勢猛撲徐州，擊破劉備，劉備家眷被困曹營，關雲長為存忠義甘作俘虜，被迫為曹操上陣。二月，袁紹領兵十一萬南下，曹操和袁紹在官渡決戰。四月，關羽助曹操在白馬之戰斬殺袁紹大將顏良，曹操封關羽為漢壽亭侯，但關羽心向劉備，對曹操的所有禮遇皆一一婉拒。綺蘭乃劉備妾侍，與關羽同陷曹營，關羽心儀綺蘭卻未曾表白，綺蘭出言責備關羽侍曹，此時關羽得知兄長劉備蹤跡，關羽有意離開曹操。曹操不欲關羽離開，設計以絕關羽與劉備兄弟之情，為關羽送上催情藥酒，陷關羽對劉備不義，幸好關羽最後保持理性，與對自己有恨意的綺蘭一起逃離曹營，曹操無奈遵守承諾下令放行關羽，然曹將認為此舉放，實為縱虎歸山會後患無窮，設計要在沿途殺害關羽！關羽沿途過五關斬六將，各有不同的殺機，忠與義令關羽身陷險境，而曹操在眾將的遊說及威迫下，亦收回放寬關羽通過關口的命令，關羽形勢岌岌可危！

　　不管是電影或小說都在傳播著人與人之間必須講求「忠與義」，台灣民間的故事、戲曲影響台灣人處世的行為，這些故事對民間影響深遠，蕭啓郎把關雲長的〈叩關〉故事，利用雕塑作品去呈現關雲長的威武精神，手持青龍偃偃月刀，騎在馬背上那種灼灼如天神的表情，令人產生崇敬的心情。他說：「三國演義中，過五關斬六將的故事，從小就留存在我的心中。當關羽斬孔秀入東嶺關後，在第二洛陽關砍了韓福、孟坦後，遭受的箭傷，又直奔汜水關斬了卡喜後，向第四關的滎陽關前進，太守王植與洛陽首將韓福是親戚，所以王植早就準備要殺關羽，但王植根本不是關羽的對手，關羽揮刀王植就成兩段，關羽連闖了四關。到了第五關黃河渡口來到河北袁紹的地方，這就是過五關斬六將的故事。」雕塑家利用新的造型，簡

單俐落的線條去表達關羽的神韻，傳遞忠義的民間故事。

在台灣讀書的人，一定讀過四書五經，孔夫子的言論，一定影響著我們，蕭啓郎創作了〈非禮勿言、勿聽、勿視〉的三隻猴子的塑像，一隻猴子掩耳、一隻遮眼、另一隻封嘴，意謂著提醒自己與人們，要固守心靈的清潔。他說：「非禮勿言，唯善、非禮勿聽，唯靜、非禮勿視，唯美。」蕭啓郎以簡潔明快的線條呈現出這三隻猴子的不同造型，去傳播孔夫子的言論。

這個典故該是來自顏淵問「仁」。孔子答：「克己復禮，爲仁。一日克己復禮，天下歸仁焉。爲仁由己，而由仁乎哉？」顏淵曰：「請問其目？」子曰：「非禮勿視，非禮勿聽，非禮勿言，非禮勿動。」這該是說「爲仁」必須抑制自己，使言行合乎禮；強調實行仁德全靠自己；凡是不合禮的，

▲蕭啟郎〈背唐詩〉

就不要看、不要聽、不要說、更不要做。而「仁」是孔子學說的中心，是人格修養的最高標準，是一切善德的總和，在人際交往中，尤其可見「仁」的表現。《說文解字》：「仁，親也。從人二。」人與人相處，就產生人際關係，循禮而行，以禮爲言行的規範，就能夠維繫人際關係的和諧，就能夠「爲仁」。

其實不管是民間傳說故事，或讀書人的爲人處世道理，哲學家的智慧語花，都能用不同的藝術表現出來。佛像也是雕塑家表現的題材，蕭啓郎喜歡塑「大勢至菩薩與觀世音菩薩」，大勢至菩薩、大精進菩薩或大勢至法王子，簡稱勢至，是西方極樂世界阿彌陀佛的右脅侍者，八大菩薩之一，因以念佛修行證果，被淨土宗奉爲法界初祖，是與文殊菩薩、普賢菩薩、地藏菩薩齊名的大菩薩。大勢至菩薩跟觀世音菩薩是阿彌陀佛的右左輔弼，合稱「西方三聖」。據《觀無量壽經》，祂恆念阿彌陀佛，以智慧之光普照一切，使人得到無上力量、威勢自在，接引眾生往生淨土。大勢至菩薩的造像，多是頭戴天冠，而以立式均衡之美，佛身著有衣褶之律動之感，顯示靜中有

▲蕭啓郎〈背唐詩〉

動，法相有大智之表現及慧眼眾生之態。

四、地景藝術建構與藝術交流

地景藝術或稱大地藝術（Land Art，Earth Art），興盛於一九六〇年代末與七〇年代初期的英美，以人工方式介入，去做融合土地或風景素材的創作，使現代城市與自然景觀能融為一體，增加公共空間的美感。在改變與再造自然的過程中，通常把雕塑作品置入其中，東方藝術家常有「外師造化，內法心源。」的創作觀點，而西方藝術理論對自然與藝術的關係也有許多不同的看法。

▲蕭啟郎〈家書〉

▲蕭啟郎〈月琴〉

　　二十世紀科技發展，造成社會結構的改變與環境生態的影響，直接衝擊著人們的日常生活，在人為環境因素的挑戰下，人們發展出關懷環境、回歸自然、保護生態的思維，漸漸激化出許多以岩石、土地植被為題材的藝術創作。雖然地景藝術作品，也有一些藝術家用圖形、結構、線條去做變化，以抽象的藝術形式去表達，然而蕭啓郎的地景藝術作品，是把過去的農村生活記憶，透過人物造型置入環境之中，像他為產文旦柚的麻豆做公共藝術，以〈文旦的故鄉〉為題，透過一位婦女挑著一擔文旦柚邁向歸途，婦人後面有一女孩，右手提著水壺、左手拿著文旦柚，踩著愉快的腳步，緊跟著婦人後面，這是多麼熟悉的鄉間景像。在鳳新高中的校園中，做了一個〈崑山亭〉

的公共藝術，亭中有紀念文章，是把藝術作品融入自然裡，使其與生活產生密切的關係。

　　一九九六年成立的高雄市國際文化協會，是高雄市內含豐富深具傳統文化藝術社團，其成員涵蓋南部愛好藝術的創作人才，更積極的參與各項公益的藝術活動，辦理國際的文化交流，添增了高雄市優質的文化風貌。在二〇〇九年七月中旬舉辦世界運動會期間，將高雄市的成就透過藝術推向國際舞台。

　　在高雄市國際文化協會邁入十三年之際，由蕭啓郎接任理事長，並舉辦了「二〇一〇年海峽兩岸藝術交流展」的活動，並出版厚達兩百五十頁的精裝作品集，高雄市文化局長史哲寫著：「⋯⋯在歷屆理事長的無私奉獻，與現任理事長蕭啓郎及

▲蕭啟郎〈舊情綿綿〉

全體理監事會員努力推動下，凝聚了對藝術堅持的意志力，共
同為藝術注入了活力與人文創作。」又說：「藝術是人類精神
文化的瑰寶，是開啟人們心靈之窗的鑰匙，藝術的表現，由藝
術家的創作而存在，使觀賞者可以共享並進，而豐富了人生的
意義與價值。」畫集中我看到蕭啓郎的兩件作品，一為〈舊情
綿綿──鄉土系列〉雕塑，及水彩〈輝映古今〉，總是勾起我
作農村生活的回憶。

▲蕭啟郎〈閒話家常〉

國家圖書館出版品預行編目資料

港都的心靈律動／康原著 . ——初版 . ——台中市：晨星
，2013.3
　　面；　　公分 . ——（台灣歷史館；41）
　　參考書目：面

ISBN　978-986-177-698-9

733.9/131.4　　　　　　　　　　　　　102003064

台灣歷史館
041 **港都的心靈律動**

作者	康　　原
主編	徐　惠　雅
校對	徐　惠　雅　‧　邱　馨　慧
排版	邱　馨　慧
封面設計	銳　點　視　覺　設　計

發行人	陳銘民
發行所	晨星出版有限公司
	台中市 407 工業區 30 路 1 號
	TEL：04-23595820　FAX：04-23550581
	E-mail：service@morningstar.com.tw
	http://www.morningstar.com.tw
	行政院新聞局局版台業字第 2500 號
法律顧問	甘龍強律師
承製	知己圖書股份有限公司　　TEL：04-23581803
初版	西元 2013 年 3 月 23 日

總經銷	知己圖書股份有限公司
	郵政劃撥：15060393
	（台北公司）台北市 106 辛亥路一段 30 號 9 樓
	TEL：02-23672044　FAX：02-23635741
	（台中公司）台中市 407 工業區 30 路 1 號
	TEL：04-23595819　FAX：04-23597123

定價　300 元
ISBN　978-986-177-698-9
Published by Morning Star Publishing Inc.
Printed in Taiwan
版權所有，翻譯必究
（缺頁或破損的書，請寄回更換）

◆ 讀 者 回 函 卡 ◆

以下資料或許太過繁瑣，但卻是我們了解您的唯一途徑
誠摯期待能與您在下一本書中相逢，讓我們一起從閱讀中尋找樂趣吧！

姓名：＿＿＿＿＿＿＿＿＿＿ 別：□ 男 □ 女 生日： ／ ／

教育程度：＿＿＿＿＿＿＿＿

職業：□ 學生　　　　□ 教師　　　　□ 內勤職員　　□ 家庭主婦
　　　□ SOHO 族　　□ 企業主管　　□ 服務業　　　□ 製造業
　　　□ 醫藥護理　　□ 軍警　　　　□ 資訊業　　　□ 銷售業務
　　　□ 其他＿＿＿＿＿＿＿＿＿

E-mail：＿＿＿＿＿＿＿＿＿＿＿＿＿ 聯絡電話：＿＿＿＿＿＿＿＿

聯絡地址：□□□＿＿＿＿＿＿＿＿＿＿＿＿＿＿＿＿＿＿＿＿＿

購買書名：港都的心靈律動＿＿＿＿＿＿＿＿＿＿＿＿＿＿＿＿＿＿

• 本書中最吸引您的是哪一篇文章或哪一段話呢？＿＿＿＿＿＿＿＿

• 誘使您購買此書的原因？

□ 於＿＿＿＿＿書店尋找新知時 □ 看＿＿＿＿報時瞄到 □ 受海報或文案吸引

□ 翻閱＿＿＿＿＿雜誌時 □親朋好友拍胸脯保證 □＿＿＿＿＿電台 DJ 熱情推薦
□ 其他編輯萬萬想不到的過程：＿＿＿＿＿＿＿＿＿＿＿＿＿＿＿

• 對於本書的評分？（請填代號：1. 很滿意 2. OK 啦！ 3. 尚可 4. 需改進）

封面設計＿＿＿＿ 版面編排＿＿＿＿ 內容＿＿＿＿ 文／譯筆＿＿＿＿

• 美好的事物、聲音或影像都很吸引人，但究竟是怎樣的書最能吸引您呢？

□ 價格殺紅眼的書 □內容符合需求 □贈品大碗又滿意 □我誓死效忠此作者

□ 晨星出版，必屬佳作！ □千里相逢，即是有緣 □其他原因，請務必告訴我們！

＿＿＿＿＿＿＿＿＿＿＿＿＿＿＿＿＿＿＿＿＿＿＿＿＿＿＿＿

• 您與眾不同的閱讀品味，也請務必與我們分享：

□ 哲學　　　□ 心理學　　□ 宗教　　　□ 自然生態 □ 流行趨勢 □ 醫療保健

□ 財經企管 □ 史地　　　□ 傳記　　　□ 文學　　　□ 散文　　□ 原住民

□ 小說　　　□ 親子叢書 □ 休閒旅遊 □ 其他＿＿＿＿＿＿＿＿＿＿＿

以上問題想必耗去您不少心力，為免這份心血白費

請務必將此回函郵寄回本社，或傳真至（04）2359-7123，感謝！
若行有餘力，也請不吝賜教，好讓我們可以出版更多更好的書！

• 其他意見：

晨星出版有限公司 編輯群，感謝您！

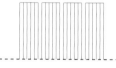
更方便的購書方式：

（1） 網站：http://www.morningstar.com.tw
（2） 郵政劃撥 帳號：15060393
　　　　　　戶名：知己圖書股份有限公司
　　請於通信欄中註明欲購買之書名及數量
（3） 電話訂購：如為大量團購可直接撥客服專線洽詢

◎ 如需詳細書目可上網查詢或來電索取。
◎ 客服專線：04-23595819#230 傳眞：04-23597123
◎ 客戶信箱：service@morningstar.com.tw